A EXTRAORDINÁRIA HISTÓRIA DE

# ALEXANDRE, O GRANDE

# A EXTRAORDINÁRIA HISTÓRIA DE
# ALEXANDRE, O GRANDE

Nigel Rodgers

M.Books do Brasil Editora Ltda.

Rua Jorge Americano, 61 - Alto da Lapa
05083-130 - São Paulo - SP - Telefone: (11) 3645-0409

**Dados de Catalogação na Publicação**

RODGERS, Nigel
A Extraordinária História de Alexandre, o Grande / Nigel Rodgers

São Paulo – 2015 – M.Books do Brasil Editora Ltda.
1. História  2. História da Humanidade 3. Guerras e Batalhas

ISBN: 978-85-7680-264-8

Do original: Alexander the Great: An illustrated military history
Publicado originalmente pela Annes Publishing Ltd.

© 2011 Annes Publishing Ltd.
© 2015 M.Books do Brasil Editora Ltda.

Editor: Milton Mira de Assumpção Filho

Tradução: Marisa Motta
Produção Editorial: Lucimara Leal
Editoração e Capa: Crontec

2015
M.Books do Brasil Editora Ltda.
Todos os direitos reservados.
Proibida a reprodução total ou parcial.
Os infratores serão punidos na forma da lei.

# SUMÁRIO

A Época de Alexandre .................... 8
   Homens Guerreiros .............................. 9
   A Busca da Perfeição............................ 10
   O Classicismo Vibrante ....................... 10
   A Expansão da Grécia .......................... 10

**1. A Ascensão da Macedônia,
359–336 a.C. .....................11**
   O Obscurantismo Inicial ..................... 12
      Os Reis Macedônios....................... 13
      A Nova Capital ............................... 14
   Filipe II: A Ascensão ao Poder ............. 15
      Um Império em Expansão ............... 16
      Um Casamento Ardiloso ................. 16
      Tessália, Épiro, Trácia ...................... 17
   Um Novo Exército e um Novo
   Império: O Reinado de Filipe II ...... 18
      A Monarquia Macedônia ................. 18
      Uso da Falange ............................... 20
      Criação de um Reino Unificado ...... 21
   O Conquistador da Grécia ................... 21
      Líder do Conselho dos Anfictiões..... 22
      Guerra Declarada ............................ 22
      A Batalha de Queroneia .................. 24
   Filipe: Triunfo e Morte........................ 24
      Clemência em Relação à Esparta ..... 25
      A Paz Geral ..................................... 26
      Assassinato ...................................... 26

**2. O Jovem Alexandre,
356–336 a.C. ....................27**
   Nascimento e Infância ......................... 28
      Os Novos Visitantes em Pela ............. 29
      A Conferência de Paz ..................... 29
   Educação e Juventude .......................... 31
      Hefestião ......................................... 31
      O Tutor Filósofo ............................. 33
      Gregos e Bárbaros ........................... 33
   Primeiros Postos de Comando
   e as Brigas da Família ........................ 34

      Derrota dos Medos ......................... 34
      Batalha de Queroneia...................... 35
      Brigas e Exílio ................................. 36
      A Morte de Filipe ........................... 36
   A Garantia do Trono e da Grécia......... 37
      Os Bálcãs e Tebas ............................ 38
   Metas e Força ....................................... 40
      Um Império Desconhecido ............. 40
      Um Exército Forte, uma
      Marinha Fraca ................................ 41
      Um Plano em Processo ................... 41
      Alexandre, o Imperador da Ásia........ 42
   Pérsia: Um Império em Declínio? ........ 43
      A Independência do Egito .............. 43
      A Revolta dos Sátrapas..................... 44
   A Pérsia: Força e Estratégia ................. 45
      A Força Militar................................ 47
      ...E Fraqueza ................................... 47
      Ameaças Distantes........................... 47
      Sem Estratégia Fixa ......................... 48
   A Travessia da Ásia .............................. 49
      Sacrifício e Libações........................ 49
      O Túmulo de Aquiles...................... 50

**3. As Grandes Vitórias,
334–330 a.C. ....................53**
   Vitória em Grânico .............................. 54
      As Divisões Militares ...................... 54
      A Preparação para o Ataque ........... 55
      A Tática de Alexandre ..................... 56

## 6 A EXTRAORDINÁRIA HISTÓRIA DE ALEXANDRE, O GRANDE

Após a Batalha ............................... 56
A Libertação da Jônia ....................... 57
O Retorno da Democracia .............. 57
A Rendição em Mileto .................... 58
Cerco de Halicarnasso .................... 58
O Corte no Nó Górdio .................... 59
Uma Batalha Inesperada ................... 60
A Nova Estratégia de Dario ............ 60
A Batalha na Costa .......................... 62
Depois da Batalha ........................... 62
O Cerco de Tiro .............................. 63
Construção de um Quebra-Mar ....... 63
A Longa Resistência de Tiro ............ 64
O Último Ataque Violento .............. 65
Egito: A Fundação de Alexandria ......... 66
O Péssimo Governo Persa ................ 66
A Escolha do Local ......................... 67
A Maior Cidade do Mediterrâneo .... 68
Egito: a Peregrinação ao Oásis de Siuá ..... 69
Motivos Desconhecidos ................... 69
Guias Sagrados ............................... 69
A Resposta do Oráculo .................... 70
A Grande Vitória: Gaugamela .............. 72
O Local da Batalha .......................... 72
Os Exércitos Adversários ................ 73
A Fuga do Rei ................................. 74
Na Babilônia ...................................... 75
A Acolhida a Alexandre .................. 75
O Péssimo Governo Persa ................ 76
Templos e Prostíbulos .................... 77
A Destruição de Persépolis ................. 78
A Riqueza de Susa e Persépolis ........ 78
"O Grande Portão de Todas
as Nações" .................................... 79
A Riqueza de Persépolis ................. 79
O Incêndio nos Palácios .................. 80

## 4. O Senhor da Ásia,
## 330-323 a.C. .................................. 81
De Persépolis a Herat ....................... 82
A Morte de Dario ............................ 82
Alexandre Segue para Leste ............ 82
Um Rei para os Persas ..................... 84
Philotas e Parmênio ........................ 84
A Estrada Através de Oxiana ............ 85
A Morte de Besso ............................ 86

Morte em Samarcanda ...................... 86
Casamento na Rocha Sogdiana ........... 88
Amor à Primeira Vista ...................... 89
A Conspiração dos Pajens ................ 89
A Índia: O Fim do Mundo ................... 91
O Equilíbrio Militar em Hidaspes .... 91
A Vitória Sobre Poro ....................... 92
A Revolta do Exército ..................... 93
O Longo Retorno ............................... 94
O Roçar da Morte ............................ 94
A Marcha Pelo Deserto .................... 95
O Reencontro com Nearco ............... 96
A Fúria do Rei .................................. 97
Pasárgada E Persépolis .................... 97
A Adoção de Costumes Persas .......... 98
Os Casamentos em Susa ................... 98
A Reestruturação do Exército .......... 99
O Último Ano .................................. 100
A Morte de Hefestião ...................... 100
O Planejamento da Campanha
Seguinte ....................................... 101
Morte na Babilônia ......................... 102
O Legado de Alexandre .................... 103
A Disseminação do Helenismo ....... 103
O Extremismo de Alexandre .......... 104

## 5. Armas e Armaduras,
## c. 200 a.C.–138 d.C. .................. 107
O Hoplita ......................................... 108
As Armaduras ................................. 108
Armas ............................................. 109
Os Senhores dos Campos de
Batalha .......................................... 110
A Divisão De Cavalaria ..................... 111
A Falta de Estribos ......................... 112
A Cavalaria de Elite ........................ 112
A Armadura das Tropas
de Cavalaria .................................. 112
Peltastas, Fundeiros e Arqueiros ...... 112
Amadores e Profissionais ................... 114
Efebos ............................................ 114
A Força Naval ................................. 115
A Estrutura do Exército
de Esparta ...................................... 116
O Batalhão Sagrado de Tebas ......... 116
Embarcações de Guerra Gregas ......... 117

## SUMÁRIO

Quinquerremes e Birremes ............. 117
Trirremes e Galés Maiores............. 118
As Táticas de Batalha...................... 118
Catapultas e Torres de Cerco ............. 120
Catapultas Sem Torção .................. 120
Catapultas de Torção ..................... 121
Torres de Cerco............................ 122
As Maravilhosas Armas dos Gregos..... 123
O Uso de Elefantes........................ 123
As Invenções de Arquimedes .......... 125

## 6. De Alexandre a Adriano 323 a.C.–138 d.C...................... 127

As Guerras dos Sucessores.................. 128
A Ascensão de Seleuco.................... 129
A Chegada dos Gauleses ................. 130
O Equilíbrio de Poder ................... 130
Os Faraós Gregos Ptolemaicos do Egito ......... 131
A Era de Ouro.............................. 132
A Metrópole de Alexandria ............ 132
De Sardes a Samarcanda o Império Selêucida ...... 134
A Selêucia Suplantou a Babilônia ... 134
A Capital Antioquia ...................... 135
A Perda do Oriente ....................... 135
Macedônia e Pérgamo:.................... 137
Antígono e Seus Sucessores............ 138
A Ascensão de Pérgamo ................. 139
Os Gregos no Oriente Báctria e Índia ........ 140
As Ruínas de Ai-Khanum .............. 140
O Reino Greco-Bactriano ............. 141
Os Indo-Gregos............................ 141
Demétrio e seus Herdeiros ............ 142
A Antiga Grécia: As Ligas Etólia e Aqueia ....... 143
A Liga Etólia................................ 143
A Liga Aqueia............................... 144
Atenas e Rodes................................ 146
Atenas: A Capital Intelectual e Cultural da Grécia ........ 146
Rodes: Uma República Marítima... 148
A Revolução em Esparta.................... 149
Ágis, o Revolucionário .................. 149
As Reformas de Cleômenes ........... 150

O Último Rei de Esparta............... 151
Os Gregos Ocidentais ...................... 152
A Guerra Entre Tarento e Roma.... 152
A Luta Pela Sicília........................ 153
A Sombra de Roma.......................... 155
Filipe *Versus* Roma....................... 155
A "Liberdade" da Grécia ............... 156
A Primeira Guerra Síria ................ 157
A Grécia Conquistada ...................... 158
A Terceira Guerra Macedônia........ 158
As Ambições de Antíoco ............... 159
Delos: A Conquista da Ilha ........... 160
Conflitos Entre Roma e os Aqueus 160
Caos na Região do Mar Egeu ........... 161
A Pirataria em Larga Escala ........... 161
Reforma Tributária e Corrupção ... 162
A Ascensão de Mitrídates .............. 163
O Saque de Atenas........................ 163
O Poder das Dinastias ..................... 164
Hostilidades e Mitrídates ............. 164
Pompeu, o Grande ........................ 165
A Grécia no Campo de Batalha...... 165
Cleópatra e Antônio......................... 167
Cleópatra e César.......................... 167
Os Grandes Amantes ..................... 168
Declínio e Queda .......................... 169
Augusto e a *Pax Romana* ................. 170
O Reinado de Augusto .................. 170
O Governo Local........................... 171
A Retomada da Prosperidade......... 171
As Reformas Tributárias................. 172
Dois Séculos de Paz ...................... 172
A Síntese Greco-Romana Cícero a Adriano, ........ 173
A Influência de Nero ..................... 174
O Imperador Fileleno .................... 175
A Dupla Influência ........................ 176
O Renascimento Grego..................... 176
O Renascimento do Helenismo..... 176
A Arte e as Escrituras .................... 177
O Choque do Antigo...................... 177

**Índice...................................... 179**

# A ÉPOCA DE ALEXANDRE

Os antigos gregos eram estimulados por dois conceitos: o amor à honra (*philotimaea*) e a busca da *areté* (excelência, bondade e perfeição, uma palavra que se aplicava a diversos assuntos desde esportes a filosofia). Os gregos eram extremamente competitivos, sempre se esforçando para serem os "melhores". Essas palavras de Homero, o maior poeta da Antiguidade Clássica, referindo-se ao seu herói Aquiles, inspirou Alexandre, o Grande, durante a conquista do Império Persa. Mas a busca de excelência não se limitava às pessoas.

Alexandre, o Grande, é um dos personagens mais extraordinários da história mundial. Alexandre foi, sem dúvida, um gênio militar, que conquistou o vasto Império Persa, mas as opiniões a seu respeito são contraditórias. O historiador vitoriano Thomas Carlyle chamou-o de "o louco da Macedônia". Em comentários mais recentes ele foi um paranoico e alcoólatra,

que não poupava a vida de ninguém em seu caminho, até ser assassinado. Para muitas pessoas de sua época, tanto na opinião de democratas, como Demóstenes, quanto nas cidades que destruiu, como Tebas, Tiro e Persépolis, Alexandre era intrinsecamente destrutivo. Mas para outras pessoas ele era um chauvinista grego fanático, que queria criar um império global, unindo conquistados e conquistadores. Já na visão dos românticos, ele exercia sempre um poder de sedução. Por sua vez, Alexandre pensava ser a reencarnação de Aquiles, o herói homérico, que preferiu uma morte prematura gloriosa a uma vida longa, mas obscura. Alexandre, assim como Aquiles, morreu jovem, porém seu nome tornou-se uma lenda na Ásia e na Europa.

O sucesso fantástico de Alexandre foi uma consequência das conquistas do pai, Filipe, que criou o melhor exército jamais visto no mundo. Apesar de ser um general com menos talento do que o filho, Filipe era um político mais hábil. Os sucessores de Alexandre expandiram o poder e a cul-

*Acima: As esculturas gregas nem sempre eram esculpidas em mármore branco, muitas estátuas tinham cores vibrantes. Aqui temos a estátua de uma jovem do século VI a.C.*

*À esquerda: O auriga de Delfos datado de cerca de 470 a.C. é um exemplo extraordinário da escultura clássica antiga. Uma das poucas esculturas em bronze preservadas, originalmente era pintada em cores naturais.*

*Acima: A influência da arte grega prolongou-se por muitos séculos. A fachada do Museu Britânico, Londres, construído por Robert Smirke em 1823-46 inspirou-se em modelos gregos.*

tura dos gregos na Ásia, o que deu origem à cultura helênica. Embora as guerras intermináveis tenham destruído muitos reinos, a cultura grega continuou a se expandir e, por fim, influenciou a arte em países tão distantes como a Índia e a China. Cleópatra VII do Egito, rainha com um magnetismo lendário, foi a última governante helênica que resistiu à ascensão de Roma. Mas Roma foi a herdeira definitiva de Alexandre.

## HOMENS GUERREIROS

Ao longo da Antiguidade Clássica (*c.*500-300 a.C.), a Grécia não foi um Estado unificado com um poder central. Ao contrário, dividia-se em pequenas cidades-estado independentes e agressivas (como traduzimos pólis, a cidade-Estado na Grécia antiga, embora Estado soberano e autônomo seja uma definição mais precisa).

Essas unidades políticas, econômicas e sociais autônomas eram resultado em parte da geografia da região. Sem grandes rios, vales e planícies, a Grécia dividia-se por montanhas e pequenos vales, que incentivavam o individualismo. Em consequência, o desenvolvimento da civilização grega, voltada para as pólis, foi totalmente diferente de todas as civilizações antigas. Ninguém exercera a política (palavra originária de pólis) antes dos gregos, com discussões e experiências, às vezes violentas, para decidir quais seriam as melhores formas de governo.

A pior crítica que se poderia fazer aos gregos refere-se às guerras intermináveis. As cidades-estado uniram-se para rechaçar as invasões persas entre 490-478 a.C., mas essa união foi um momento único. Os gregos continuaram a lutar entre si, muitas vezes com a ajuda de potências externas, como a Pérsia. Essa desunião causou sua conquista, primeiro pelos macedônios e, em seguida, pelos romanos. Esse foi o lado negativo da procura dos gregos da excelência individual e perfeição.

## A BUSCA DA PERFEIÇÃO

A construção dos grandes templos da Acrópole teve apoio do povo de Atenas, o *demos*. Os atenienses assistiam às peças dos famosos dramaturgos Ésquilo, Sófocles e Eurípedes. A experiência ateniense demonstrou que a democracia não significava uma subcultura com um nível intelectual inferior, e sim uma ascensão cultural e política sem precedentes.

## O CLASSICISMO VIBRANTE

Para muitas pessoas, a Grécia antiga era um lugar longínquo e sem vigor, com estátuas de mármore plácidas e templos brancos imaculados desprovidos de interesse. Essas imagens são enganadoras. Ao contrário, os gregos eram um povo com paixões e desejos vibrantes, tanto do ponto de vista pessoal quanto político e intelectual, características, em geral, que provocavam desastres, em vez de perfeição. Como Alexandre, que pensava ser a reencarnação de Aquiles, o principal herói da *Ilíada*, de Homero.

Poucas estátuas gregas sobreviveram, algumas em mármore, e ainda menos em bronze. Com frequência, só temos cópias medíocres romanas dos originais gregos. As pinturas gregas preservaram-se ainda em menos quantidade. As obras preservadas revelam que os gregos foram os pioneiros da arte naturalista. Os vasos mais numerosos, obras de arte magníficas, descrevem a vida cotidiana dos gregos.

## A EXPANSÃO DA GRÉCIA

Atualmente, o território grego limita-se ao continente e às ilhas gregas, além de Chipre. Mas, na Antiguidade, a civilização helênica ocupava a região do Mediterrâneo até Marselha e o centro-oeste da Ásia. O segundo movimento de expansão (336-323 a.C.) ocorreu nas campanhas de Alexandre, o Grande. Alexandre, um extraordinário gênio militar, derrotou o Império Persa e fundou muitas cidades helenizadas (os gregos denominavam-se helenos) na região ocidental da Ásia. Em 200 a.C., um viajante podia percorrer desde o sul da França até a fronteira da Índia só falando grego, pelo menos nas cidades.

O mundo grego clássico foi conquistado pelo Império Romano em 30 d.C., em geral com extrema brutalidade. Porém os romanos, embora não tivessem o brilho da civilização helênica, preservaram e transmitiram com profundo cuidado a cultura grega, mas não a democracia grega, na Europa Ocidental. A civilização greco-romana é o fundamento do mundo moderno. A importância da Grécia Clássica não se limita à antiga história guardada em museus; as ideias, as discussões, as ambições e a cultura influenciaram a história do Ocidente a partir do Renascimento e ainda exercem um papel relevante no mundo moderno. É preciso estudar os gregos clássicos para compreender o ser humano atual.

*Acima: um dos gregos mais famosos, Alexandre, o Grande da Macedônia (336-323 a.C.), não só derrotou o antigo inimigo da Grécia, o imenso Império Persa, como também restringiu a liberdade tão valorizada das cidades persas.*

## CAPÍTULO 1

# A ASCENSÃO DA MACEDÔNIA

## 359-336 a.C.

As realizações de Alexandre são tão extraordinárias que sua carreira eclipsou, com frequência, à do pai Filipe II. Mas sem a paciente construção do império de Filipe, que iniciou seu reinado em circunstâncias bem desfavoráveis e se transformou em um líder renomado da Grécia, a Macedônia nunca teria alcançado a posição de uma potência militar em 336 a.C. Nesse ano, Alexandre ascendeu ao trono depois do assassinato do pai, um típico cenário macedônio.

Diversos monarcas haviam tentado unificar o reino, com características mais semelhantes ao mundo heroico e caótico de Homero do que de uma pólis grega, porém suas tentativas frustraram-se com a morte deles, poucas vezes de causas naturais. Apesar das ameaças constantes de invasores e nobres hostis, a Macedônia era o maior e o mais rico reino da Grécia. Situada em um local privilegiado por planícies férteis e grandes pastagens, seus habitantes eram guerreiros fiéis ao trono, mas nem sempre a quem o ocupava. No entanto, a Macedônia permaneceu à margem do mundo grego até a ascensão meteórica de Filipe II na década de 350 a.C. Um dos governantes mais maquiavélicos e enérgicos, Filipe usou o suborno, as promessas e a força para dividir e conquistar o reino internamente, além de empreender uma expansão territorial.

*À esquerda: A nova riqueza da Macedônia e a antiga energia guerreira são retratadas nesta aljava de ouro encontrada em túmulos reais em Vergina.*

Depois do reinado de Filipe, a Macedônia tornara-se a maior potência da região do Mediterrâneo, até a conquista da Grécia pelos romanos.

# O OBSCURANTISMO INICIAL
## c.480-359 a.C.

Ao norte do Monte Olimpo, a montanha mais alta da Grécia, estendia-se um reino que poucos gregos do sul do país conheciam e com o qual se importavam ainda menos, apesar de a Macedônia ter protegido a Grécia da invasão dos bárbaros ao norte.

O reino da Macedônia situava-se no interior da Grécia, enquanto as cidades costeiras, como Olinto, eram colônias de cidades do sul. Aigai, a antiga capital da Macedônia, estendia-se pela rica planície de Emacia próxima ao mar. A região da Macedônia dividia-se em duas áreas: a planície administrada pelo rei e o planalto montanhoso e com florestas densas a Norte e Oeste. Nos vilarejos isolados nessa área, os macedônios viviam como nos romances épicos de Homero, um estilo de vida rústico para os gregos clássicos. Os macedônios que viviam na região do planalto, como os da região de Lincéstide, em geral, eram pastores ou pequenos agricultores que só obedeciam aos chefes dos clãs.

*Acima: O monte Olimpo, a montanha mais alta da Grécia e a morada mítica dos deuses, localizava-se no reino da Macedônia. Os Jogos Olímpicos eram realizados na cidade de Olímpia no sopé do monte Olimpo.*

*Abaixo: Em 413 a.C. o rei Arquelau fundou a nova capital do reino, Pela. Alexandre III nasceu e foi criado em Pela, enquanto Filipe expandia seu poder.*

# A ASCENSÃO DA MACEDÔNIA

*Acima: Eurípedes, o dramaturgo ateniense, assim como escritores e artistas, foi recebido na corte do rei Arquelau da Macedônia, em uma tentativa de helenizar o reino rústico.*

Além dessas comunidades tribais havia os povos bárbaros, como os ilírios e os celtas a Norte e Noroeste, e os trácios a Nordeste à espera da oportunidade de invadir as ricas planícies. Essas invasões eram muito mais importantes para os clãs de Lincéstide ou os de Orestiada do que um rei distante na costa, que não lhes proporcionaria muita proteção contra esses ataques.

## OS REIS MACEDÔNIOS

Alexandre I (498-454 a.C.) foi o primeiro rei macedônio importante. Seu reinado coincidiu com a grande invasão persa em 480 a.C., na qual ele exerceu um papel ambíguo. No início, aceitou o domínio persa em 491 a.C., quando o general Mardônio liderou um exército a Oeste ao longo da costa do Mar Egeu. Em 480 a.C. recebeu

---

### MACEDÔNIOS: GREGOS OU BÁRBAROS?

Alexandre I gostava de ser chamado de fileleno, um admirador da civilização, cultura e arte gregas, mas esse adjetivo era em geral atribuído aos governantes que *não* eram gregos. Creso da Lídia, o monarca destronado pela Pérsia em 546 a.C., foi chamado de fileleno, assim como alguns governantes da Ásia depois de Alexandre. Muitos gregos da Antiguidade Clássica achavam que os macedônios eram bárbaros, mas para o poeta Hesíodo da Beócia (*c.*700 a.C.), os macedônios eram gregos, que falavam o mesmo dialeto eólio dos beócios. Dois séculos depois os persas, ao enfrentarem os macedônios após a conquista dos jônios, pensaram que eram de origem grega, apesar do estilo diferente de chapéu.

Os macedônios não eram selvagens como os trácios e os ilírios, que viviam mais ao norte. Tinham um sotaque peculiar do norte (eles pronunciavam Filipe como Bilipe, por exemplo), além de não terem uma pólis ou uma cidade-Estado, mas o mesmo acontecia com os etólios, que viviam no noroeste da Grécia, e ninguém contestava o direito deles de participarem dos Jogos Olímpicos reservados aos gregos. A dinastia argéada da família real da Macedônia alegava ser descendente dos filhos onipresentes de Héracles que, segundo a lenda, tinham partido de Argos em *c.*650 a.C. para se instalarem na Macedônia.

O fato de a Macedônia estar localizada perto do Monte Olimpo, a morada dos deuses, e de os jogos realizados em Olímpia serem gregos, ajudou a consolidar a tese da origem grega dos macedônios. Em geral, para os gregos do sul da Grécia os reis da Macedônia eram helenos, mas desprezavam seus súditos rudes, que ainda tinham de matar um javali ou um leão para provar que eram verdadeiros homens. Depois de Alexandre, o Grande, quando a Macedônia enriqueceu e se sofisticou, essas diferenças desapareceram.

involuntariamente a visita do rei Xerxes, um hóspede caro com uma corte enorme e um exército numeroso, antes de acompanhar os persas ao Sul. Mas Alexandre enviou mensagens vagas de advertência aos gregos. No primeiro semestre de 479 a.C., ele agiu como intermediário dos persas, na tentativa de convencer Atenas a aderir aos persas. Sem dúvida, foi um papel ignóbil, mas outros estados gregos, em especial, Tebas, também apoiaram a Pérsia.

Apesar dessa mediação ambígua, Alexandre I foi chamado de "fileleno", um admirador dos gregos e o responsável pela expansão do reino. Mais tarde, seu reinado foi celebrado como a era de ouro da Macedônia. Seu filho Pérdicas II (453-413 a.C.) o sucedeu e seguiu um caminho neutro e delicado entre as duas grandes potências da época, Atenas e Esparta. Em 424 a.C., Pérdicas pediu ajuda a Brásidas, o grande general de Esparta na guerra do Peloponeso, para enfrentar o poder dos atenienses, que ameaçavam as províncias gregas ao Norte. Mas logo o rei e Esparta romperam a aliança em razão de objetivos divergentes.

## A NOVA CAPITAL

No reinado de Arquelau (413-399 a.C.), a capital transferiu-se para Pela, uma cidade próxima à costa, e Aigai tornou-se o centro religioso. Arquelau iniciou um programa de modernização do reino e subjugou os guerreiros do interior da Macedônia unindo as duas metades do país. Reorganizou o exército em termos profissionais, além de construir estradas para ligar os novos fortes que estavam sendo construídos, como observou Tucídides. O poeta ateniense Agatão e o dramaturgo Eurípedes foram recebidos pela corte em Pela, onde Eurípedes escreveu sua última peça *As bacantes*, e o famoso pintor, Zeuxis, decorou luxuosamente o novo palácio da capital. Sócrates, a quem ofereceram refúgio na Macedônia quando estava sendo julgado em Atenas, disse com sarcasmo que ninguém iria à Macedônia para encontrar o rei, mas sim para conhecer o novo palácio. Portanto, Arquelau e sua corte não eram bárbaros como alguns gregos pensavam. Porém depois de sua morte, a situação política da Macedônia ficou caótica durante dez anos, com a rápida sucessão de quatro reis. A estabilidade foi restaurada por Amintas III (393-369 a.C.), pai de Filipe II e avô de Alexandre, mas a Macedônia continuou isolada do cenário político da Grécia.

*Acima: Lápide em estilo helênico clássico do jovem Xantos, de Pela, Macedônia, datada de c. 400 a.C.*

# FILIPE II: A ASCENSÃO AO PODER 359-334 a.C.

Em 359 a.C., Pérdicas III da Macedônia, o filho mais velho de Amintas III, foi derrotado e morto pelos invasores ilírios nas fronteiras a oeste. Ao mesmo tempo, os selvagens peônios invadiram o reino ao norte. Esses desastres eclipsaram a realização modesta, porém efetiva do reinado de Pérdicas, como a resistência às novas tentativas dos atenienses de conquistar Anfípolis (cidade com posição estratégica vital à margem do Rio Estrimão), onde instalou algumas tropas macedônias por um breve período. Na ocasião de sua morte, Pérdicas tinha um filho, Amintas, com 2 anos, e um irmão mais novo, Filipe, de 24 anos.

Filipe passara três anos em Tebas como refém, onde assistira ao treinamento especial dos hoplitas tebanos, na época os melhores soldados de infantaria do mundo. Segundo dizem, tivera também um relacionamento com Pelópidas, um general bem mais velho. Após a morte do irmão, Filipe assumiu o governo como regente do sobrinho, mas logo o coroaram rei (Amintas tinha uma saúde frágil e um distúrbio mental).

Filipe subornou os peôneos — ele conhecia o poder do dinheiro — enquanto derrotava um pretendente ao trono apoiado

*Acima: Um tetradracma de prata (equivalente a quatro dracmas) de 354 a.C., cunhada na época em que Filipe II iniciou a expansão do poderio militar da Macedônia.*

pelos atenienses. Em seguida, Filipe libertou todos os prisioneiros atenienses sem exigir resgate e renunciou aos planos de conquistar Anfípolis, mas, em segredo, propôs trocá-la por Pidna, uma cidade livre da confederação ateniense, como uma estratégia para obter o apoio de Atenas. Filipe passou o primeiro se-

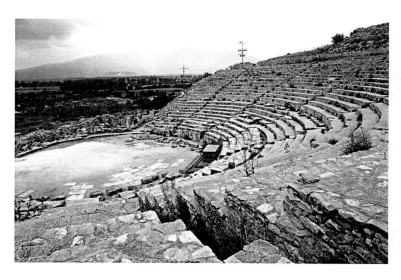

*À direita: O anfiteatro de Filipos na época romana construído na antiga cidade de Krinides, conquistada por Filipe II, que lhe deu o nome de Filipos e a transformou em uma colônia militar em 357 a.C. para proteger a fronteira a leste.*

*À esquerda: Olímpia, local dos jogos pan-helênicos quadrienais, onde os cavalos de Filipe ganharam prêmio em 356 a.C., o que consolidou suas credenciais helênicas.*

mestre de seu reinado ocupado com o recrutamento e o treinamento do novo exército. Em 358 a.C., matou, com 10 mil soldados da infantaria e 600 da cavalaria, 7 mil ilírios.

## UM IMPÉRIO EM EXPANSÃO

Em 357 a.C., Filipe atacou Anfípolis a leste, que pedira ajuda em vão a Atenas. Os atenienses estavam preocupados com as revoltas na confederação e na Eubeia e, assim, Filipe conquistou Anfípolis sem dificuldade. Conquistou também a cidade de Krinides e lhe deu o nome de Filipos, a primeira colônia militar macedônia, entre muitas outras do seu reinado. Suas campanhas militares garantiram o domínio do monte Pangeu, com suas jazidas de ouro e prata.

Logo depois, o trabalho de mineração intensificou-se, e Filipe começou a ganhar 1.000 talentos por ano, uma renda comparável à do império ateniense em seu auge. "O dinheiro", disse Filipe, "é indispensável para comprar armas e suprimentos em uma guerra". Em seguida, conquistou Pidna e Potideia, a qual cedeu a Olinto, a cidade mais poderosa da Calcídica, que pedira apoio a Atenas, mas que agora se aliara à Macedônia atraída por um suborno generoso, pelo menos por algum tempo. Durante o cerco a Metone em 354 a.C., outra aliada de Atenas, Filipe perdeu um dos olhos, o que prejudicou sua bela aparência.

## UM CASAMENTO ARDILOSO

Furiosa com a expansão militar de Filipe, Atenas instigou seus vizinhos ao norte (os trácios, ilírios e peônios) a atacar a Macedônia, mas Filipe os derrotou, com a ajuda do fiel general Parmênio. Filipe também usou meios não militares para garantir sua posição. Em 357 a.C. casou com Olímpia, sobrinha do rei de Épiro, uma cidade situada a oeste da Grécia. Não se sabe se foi uma escolha romântica ou se foram considerações práticas da *Realpolitik* (os dois se conheceram em um rito misterioso à meia-noite na Samotrácia), mas foi uma jogada ardilosa e logo depois Olímpia deu à luz um filho, Alexandre, em 356 a.C. Fili-

*Acima: Um tetradracma com o retrato de Filipe a cavalo com um* kausia, *o chapéu tradicional macedônio de aba larga.*

pe recebeu a notícia do nascimento do filho em meio à vitória de seus cavalos nos Jogos Olímpicos, o que aumentou sua felicidade de rei vitorioso. Mas os acontecimentos em um lugar sagrado na Grécia lhe dariam a melhor oportunidade até então em seu projeto expansionista.

## TESSÁLIA, ÉPIRO, TRÁCIA

Depois de conquistar Delfos e seus tesouros em 356 a.C., a pequena cidade de Fócida transformou-se na província mais poderosa da Grécia. Seus soldados mercenários derrotavam todos os exércitos que a atacavam, como as tropas de Tebas e, em 353 a.C., o exército de Filipe, que enfrentou tropas mais numerosas na Tessália. Enquanto o poder dos fócios baseava-se em um suprimento de ouro roubado, que diminuía pouco a pouco, o poder de Filipe fundamentava-se na ascensão do maior reino da Grécia. Ao voltar à Tessália em 352 a.C. com um exército maior, Filipe venceu os fócios na batalha do Campo Crocus. Depois dessa vitória, Filipe foi aclamado *tagus* (governante) da Tessália, e depôs o tirano de Feres. Com os excelentes soldados da cavalaria da Tessália, o rei macedônio chegou à fronteira da região central da Grécia.

No entanto, ao chegar à fronteira, Eubolo, um político importante que dominava a Assembleia ateniense, enviou tropas para defender o desfiladeiro de Termópilas, um ponto estratégico vital. Filipe não quis atacar a principal cidade-Estado da Grécia, e recuou para o Norte. Em 351 a.C. destronou o rei Arribas de Épiro, tio de sua esposa, substituindo-o pelo irmão, que lhe ficou agradecido. Com essa vitória, Filipe conquistou tribos que viviam na região oeste e estendeu o poder da Macedônia até o Adriático.

A Trácia, montanhosa e selvagem, localizava-se do outro lado de sua posição. Filipe aproveitou as brigas entre os príncipes e entrou com suas tropas no interior do país e fundou Filípolis, a segunda cidade macedônia, à margem do Rio Ebro. O império macedônio estendia-se agora até Quersoneso, a península no estreito de Dardanelos, que controlava os suprimentos essenciais de grãos para Atenas.

*À esquerda: Este mural mostra a imagem do afresco* Rapto de Perséfone *de uma tumba real em Vergina (antiga Aigai), pintado em estilo grego tardio adotado na Macedônia.*

# UM NOVO EXÉRCITO E UM NOVO IMPÉRIO: O REINADO DE FILIPE II

Filipe organizou o mais extraordinário exército jamais visto na Grécia, com capacidade de derrotar a Grécia e conquistar, sob comando do filho, a Ásia. O exército macedônio derrotou as tropas profissionais de Esparta, invencíveis até serem sobrepujadas por Tebas em 371 a.C. O exército macedônio era enorme (para os padrões gregos), extremamente profissional e com um crescente orgulho patriótico. Filipe herdara um reino arcaico, porém vigoroso, com características que remontavam ao período de Homero. Mas em seu reinado, a Macedônia superou a inquestionável supremacia grega.

O reino da Macedônia dividia-se em duas estruturas políticas: o próprio rei, que era ao mesmo tempo o líder guerreiro, o juiz supremo, o alto sacerdote e o governante; e a assembleia dos cidadãos adultos, que também lutavam no exército e podiam exercer a justiça nos tribunais. Não havia magistrados eleitos, nem um conselho como na pólis grega. Nem existia uma aristocracia antiga e perigosa, pelo menos na baixa Macedônia, apesar da importância das tradições familiares. Habilmente, Filipe promoveu muitas pessoas novas, independentemente de suas origens na antiga Macedônia ou em outros lugares.

## A MONARQUIA MACEDÔNIA

Ao contrário da Pérsia, a Macedônia não era uma monarquia absolutista. Os macedônios inclinavam as cabeças, mas não se curvavam diante do rei, a quem chamavam pelo nome e não por "Vossa Majestade". Todos os macedônios tinham direito a julgamento. Os reis governavam como membros herdeiros da dinastia argéada. Se houvesse mais de um pretendente ao trono, a sorte e a capacidade de conquistar os generais e os cortesãos decidiam quem seria o futuro rei. A escolha era feita pela Assem-

*À esquerda: Detalhe de um vaso do século IV a.C. retrata a cena de uma batalha imaginária. A eficiência dos soldados de infantaria era fundamental para garantir as vitórias de Filipe, mas aos poucos a cavalaria assumiu um papel cada vez mais importante.*

# A ASCENSÃO DA MACEDÔNIA 19

*Acima: Embora os cavaleiros na Antiguidade não usassem estribos nos cavalos, para mantê-los mais firmes em suas montarias, eles lutavam com destreza com a lança e a espada, como retratado nesta moeda de Tarento de c.300 a.C.*

bleia, que anunciava a aprovação com o som metálico do toque das lanças, e não pelo voto. Por esse motivo, a monarquia tinha uma ampla base popular.

Assim que fosse proclamado rei, um monarca forte tinha poderes quase ilimitados, ao passo que um rei fraco logo perdia o trono e a vida. Acima de tudo, o rei tinha de liderar o exército, composto em 359 a.C. pelos Companheiros de cavalaria (*Hetaroi*), originalmente seiscentos cavaleiros da classe alta da Macedônia. Filipe aumentou aos poucos o número das tropas da cavalaria, até que em 338 a.C. a unidade tinha 4 mil soldados. Filipe inventou o título de "pezeteros" para os seis batalhões da infantaria pesada com 9 mil soldados e de "hipapistas" (escudeiros) para as tropas de elite com 3 mil soldados da infantaria, que faziam a ligação entre a cavalaria e a infantaria no campo de batalha. Filipe reorganizou o exército com a formação de batalhões ter-

*Abaixo: A Macedônia situava-se no território grego e era bem maior que uma cidade-Estado grega comum, porém estava muito exposta ao ataque de invasores ao Norte. Mais tarde quando o reino se uniu, com as fronteiras protegidas, a Macedônia se transformou na maior potência do mundo grego.*

## PROFISSIONAIS RESISTENTES E OBSTINADOS

Demóstenes queixou-se que os exércitos da Macedônia faziam campanhas no inverno, ao contrário dos exércitos de Atenas e Tebas, cujos cidadãos tinham de voltar para suas fazendas no outono. Só os espartanos haviam feito o mesmo no passado. Os macedônios podiam dedicar-se à guerra ao longo do ano inteiro, porque Filipe, ao duplicar o tamanho do país, deu propriedades rurais dos territórios conquistados aos seus seguidores, com escravos para trabalhar nessas propriedades.

O trabalho escravo nas minas do Monte Pangeu constituiu a base dos rendimentos de Filipe, permitindo-lhe cunhar moedas de ouro, um trabalho pioneiro na Grécia. Só o grande rei da Pérsia era mais rico que ele. Mas o exército da Macedônia era mais vigoroso do que o de Esparta. Enquanto na maioria dos exércitos gregos cada hoplita (soldado de infantaria pesada) tinha um criado à sua disposição, nos exércitos macedônios um criado servia dez hoplitas, e Filipe proibiu que os oficiais usassem carroças. Ele obrigava os soldados a caminharem 48 quilômetros ou mais por dia, verão ou inverno, em trilhas difíceis. Com frequência, os soldados carregavam durante trinta dias suprimentos nas costas, para que as carroças de transporte de bagagem fossem as menores possíveis.

Certa vez, Filipe censurou um soldado por ter se lavado com água quente, ao dizer que só as mulheres em trabalho de parto poderiam ter esse luxo. A presença de mulheres era proibida nos acampamentos. Essas medidas eram extremamente eficazes, e Filipe expunha-se a todas as dificuldades e perigos dos soldados e, por esse motivo, foi ferido diversas vezes. Filipe imitara e enfatizara a disciplina e a rigidez espartana.

ritoriais ou tribais, em vez de clãs. Em 338 a.C., o exército compunha-se de 30 mil soldados da infantaria e 5 mil da cavalaria, além de tropas nos inúmeros fortes espalhados pelo império. Seu poder não tinha precedentes.

## USO DA FALANGE

A formação da falange como um porco-espinho de soldados armados com sarissas, lanças mais longas que a dos hoplitas, com 5 metros de comprimento, foi a principal evolução da tática militar de Filipe. Como era impossível segurar as sarissas com uma só mão, os escudos diminuíram de tamanho e penduravam-se no braço esquerdo. Em geral, a falange tinha 60 soldados (Filipe inspirou-se em exemplos de Tebas) e era uma tropa de ataque com os flancos pro-

*À esquerda: uma vista de Pela, a próspera capital da Macedônia no reinado de Filipe II e seus sucessores, onde Alexandre cresceu, com um belo piso de mosaico em primeiro plano.*

tegidos por outras divisões. A disciplina era essencial para manter a formação, mas, com os piqueiros macedônios experientes, a falange tinha uma força de ataque poderosa. Filipe também contratou arqueiros de Creta e engenheiros, como Polídio da Tessália, que construiu armas de cerco para destruir muralhas e fortificações, além de catapultas.

## CRIAÇÃO DE UM REINO UNIFICADO

Com o objetivo de unir o reino, Filipe estimulou os macedônios que viviam nos planaltos a colonizar as novas cidades como Filipos. Além disso, obrigou os barões da alta Macedônia a enviar os filhos para serem pajens na corte em Pela, onde se iniciavam na carreira das armas, prestavam serviços aos nobres, aprendiam noções da cultura helênica e exerciam o papel de reféns. Filipe consolidou o poder por meio de sete casamentos, um deles com uma princesa ilíria e dois com jovens da Tessália. Mas manteve seu longo e mais importante casamento com Olímpia de Épiro, mãe de Alexandre.

# O CONQUISTADOR DA GRÉCIA
## 349-336 a.C.

*Acima: Filipe II era um homem de extrema beleza até perder um olho em Metone, em 354 a.C.*

Em 349 a.C. Filipe atacou Olinto, a antiga aliada e líder da Liga Calcídica. Usou como pretexto a ajuda que Olinto dera a um rebelde macedônio, mas, na verdade, Filipe planejava há muito tempo conquistar a cidade mais rica do norte da Grécia. Instigada pelo discurso veemente de Demóstenes, por fim, Atenas enviou 2 mil soldados para defender a cidade, porém, além de pouco numerosos, os soldados chegaram tarde demais. Filipe capturou Olinto em 348 a.C., destruiu a cidade e escravizou os habitantes. Em seguida, anexou outras cidades da Calcídica ao reino da Macedônia, cujos líderes subornara (além de excelente estrategista, Filipe era muito hábil no suborno).

A cidade de Estagira, que havia resistido ao ataque, foi destruída. Com a expansão de seu poder, Filipe seguiu em direção ao sul. Atenas, exausta com os conflitos ao redor da região do Mar Egeu e com problemas recorrentes em Eubeia, ansiava por um período de paz, porém a obteria em circunstâncias adversas.

*Acima: A batalha de Queroneia em 338 a.C. foi a maior vitória de Filipe, quando obteve o controle da Grécia. Este leão, erguido mais tarde em cima de um túmulo, foi uma homenagem aos tebanos mortos.*

## LÍDER DO CONSELHO DOS ANFICTIÕES

Em 347 a.C. os tebanos, diante da impossibilidade de repelir os ataques dos fócios na Beócia, pediram a Filipe que assumisse a liderança do conselho de anfictiões, que, em tese, controlava Delfos. Essa era a oportunidade que ele esperava há muito tempo. Depois de enviar cartas amigáveis a potenciais apoios em Atenas, Filipe convidou emissários diplomáticos gregos a visitar Pela, deixou-os esperando enquanto conquistava mais fortificações na Trácia e, em seguida, propôs a paz em termos do *status quo*. Durante as demoradas negociações diplomáticas, de repente partiu para o sul em direção ao estreito de Termópilas, onde o comandante fócio, Phalaecus, rendeu-se em troca de sua liberdade.

Felipe, então, pediu aos atenienses que enviassem emissários para participarem de outra conferência a fim de discutir o sacrilégio fócio, mas Demóstenes convenceu os atenienses a ignorarem seu convite. Filipe, agora líder do conselho de anfictiões, tratou os fócios com gentileza, cobrou-lhes uma multa, dividiu a província em vilarejos, e apossou-se do assento da Fócida no conselho para a Macedônia. Nesse ano, ele presidiu os Jogos Píticos em Delfos. Agora, Filipe era um verdadeiro heleno; também se comportava com menos crueldade em relação a estados menores que Esparta, ainda temida por seus conflitos anteriores. Na paz de Filócrates em 346 a.C., Atenas foi obrigada a aceitar as condições desfavoráveis do acordo, que não lhe concedeu nada importante, enquanto Tebas, a nova aliada de Filipe, recuperou a hegemonia na Beócia. Isso irritou os atenienses. Mas para Filipe a paz significou o reconhecimento decisivo de sua posição na região central da Grécia.

## GUERRA DECLARADA

No entanto, Filipe não descansou nos louros da vitória. Seguiu com o exército para noroeste em direção à selvagem Ilíria e chegou ao Adriático provavelmente perto da atual Dubrovnik (Croácia). Em seguida, partiu para a região nordeste com o objetivo de anexar a Trácia. Durante essa campanha, na qual chegou ao Danúbio, ficou seriamente doente e foi mais uma vez ferido. Demóstenes, em suas filípicas, zombou do "monstro manco e caolho, tão apaixonado pelo perigo, que para expandir seu império foi ferido em todas as partes do corpo". Mas as campanhas de Filipe tinham uma finalidade. Com tropas no Mar Morto e no Mar de Mármara, ameaçou os suprimentos cruciais de grãos de Atenas da região.

# A ASCENSÃO DA MACEDÔNIA

*Acima: Aljava de ouro decorada com cenas de soldados em combate, talvez do túmulo de Filipe em Vergina.*

Nesse ínterim, seus emissários subornavam com ouro os possíveis amigos na Grécia, entre eles Ésquines, o principal opositor de Demóstenes em Atenas.

Em 340 a.C., Filipe, ao voltar do Danúbio, atacou Selímbria e Bizâncio no estreito de Bósforo. Entretanto, não conseguiu conquistá-las, sobretudo, em razão de não ter navios para enfrentar as frotas persas e atenienses. Mas no final de 340 a.C. ele capturou uma frota que transportava grãos para Atenas, em uma clara declaração de guerra. No início de 339 a.C., Filipe conduziu o exército rapidamente pela Tessália, evitou os fócios em Termópilas, onde conquistou a cidade de Elateia, com o pretexto de que problemas em Delfos exigiam sua ajuda. Na verdade, o principal exército da Macedônia agora ameaçava Atenas.

O momento tão esperado por Demóstenes por fim chegara. Ele fizera reformas navais em Atenas, criara impostos mais justos a serem pagos pelos cidadãos mais ricos da cidade, para a compra e manutenção de trirremes. Porém, a ameaça de Filipe não era naval. Então Demóstenes convenceu Atenas a propor uma aliança total a Tebas, o vizinho detestado, mas que tinha um exército poderoso. As concessões dos atenienses venceram a resistência de Tebas e, finalmente, Filipe enfrentou a aliança das duas maiores potências da Grécia Clássica. Em 2 de agosto de 338 a.C., os dois exércitos, quase iguais em tamanho e talvez em eficiência, enfrentaram-se em Queroneia.

*Acima: Bizâncio (atual Istambul) retratado em um mapa otomano do século VI. Filipe sofreu uma de suas raras derrotas quando sitiou essa cidade essencial para o suprimento de grãos no Bósforo, em 340 a.C. Apesar da derrota, Filipe capturou uma frota que transportava grãos com destino a Atenas.*

## A BATALHA DE QUERONEIA

Filipe colocou o príncipe Alexandre de 18 anos à sua esquerda no comando da divisão de elite da cavalaria, para enfrentar os experientes hoplitas tebanos. Decidiu também comandar as tropas de infantaria para lutar contra os atenienses. A estratégia de Filipe consistia em avançar, atacar e, de repente, recuar. Os atenienses o perseguiram sem cessar e, com isso, abriram um grande espaço atrás dos soldados, o que permitiu a Alexandre cercar os tebanos. Filipe então contra-atacou os soldados-cidadãos atenienses. Mas o Batalhão Sagrado de elite de Tebas, com 150 casais homossexuais, lutou até o último soldado. Atenas perdeu mil soldados e 2 mil foram feitos prisioneiros. A batalha de Queroneia, um triunfo extraordinário de Filipe, foi desastrosa para a liberdade da Grécia.

# FILIPE: TRIUNFO E MORTE
## 338-336 a.C.

Um vitorioso inquestionável, Filipe impunha os termos da paz. Atenas renunciou ao controle de Querseneso (península de Dardanelos) e submeteu-se aos caprichos da Macedônia para garantir a segurança das frotas que transportavam grãos. Mas, por outro lado, como até mesmo Demóstenes admitiu, a paz foi generosa com ela. Atenas reconquistou Oropo, uma disputa antiga com Tebas, sem pagar indenização. Os prisioneiros de guerra foram libertados sem pagamento de resgate, enquanto o jovem príncipe Alexandre devolveu cerimoniosamente as cinzas dos soldados atenienses mortos na batalha. Em retribuição, os atenienses ergueram uma estátua do rei da Macedônia. A indulgência de Filipe em relação a Atenas baseou-se em um raciocínio realista: Atenas ainda tinha suas longas muralhas e uma grande frota de navios, o que dificultava muito um ataque direto. Filipe também queria ter o apoio naval de Atenas em sua cruzada contra a Pérsia e, ao mesmo tempo, o ataque a Atenas prejudicaria a imagem de um verdadeiro heleno.

*Acima: A conquista das minas de ouro do monte Pangeu deu a Filipe o privilégio de ser o primeiro governante grego a cunhar moedas de ouro, como este estáter com a imagem do deus Apolo.*

*À esquerda: Encontrado nos túmulos reais em Vergina (Aigai, antiga capital do reino), este vaso de prata revela a riqueza e a sofisticação da Macedônia no reinado de Filipe II.*

Filipe não foi tão generoso com Tebas, sua antiga aliada. Extinguiu a confederação da Beócia dominada há anos por Tebas, restaurou as cidades destruídas de Plateia e Orcômeno e colocou tropas na cidadela de Tebas, Cadmeia, para apoiar uma pequena oligarquia pró-macedônia.

## CLEMÊNCIA EM RELAÇÃO À ESPARTA

Filipe comportou-se de maneira bem diferente com Esparta, uma cidade-Estado poderosa no passado. Quando os espartanos recusaram-se a enviar emissários para o conselho de Corinto, com o argumento que estavam habituados a liderar outros gregos, e não a segui-los, Filipe invadiu a Lacônia. Poderia ter conquistado Esparta sem dificuldade, em razão de um exército espartano minúsculo, mas desistiu.

Filipe sabia que Esparta ainda ameaçava as províncias vizinhas menores e então, estrategicamente, conquistou o apoio delas. Destruiu as terras de Esparta e diminuiu ainda mais seu território, ao ceder a fronteira da cidade de Dentheliatis a Messênia, o pior inimigo de Esparta. Em seguida, convocou um conselho pan-helênico em Corinto no segundo semestre de 338-337 a.C.

Filipe escolheu Corinto por causa de sua posição central e riqueza, mas, sobretudo, em razão de suas associações. Corinto sediara a conferência que dera origem à Liga Pan-helênica durante as guerras Médicas há quase 150 anos, quando muitas cidades gregas por fim uniram-se contra a Pérsia. Isócrates (436-338 a.C.), um escritor ateniense, há muito tempo pedira aos gregos que parassem as hostilidades e se unissem para lutar contra a Pérsia, um suposto império decadente onde conseguiriam com facilidade ricos espólios e novas terras. Agora saudava Filipe como o realizador de sua ideia de uma cruzada pan-helênica.

## A PAZ GERAL

Filipe, feliz com a saudação do orador idoso, tinha seus motivos para empreender uma campanha contra a Pérsia, mas primeiro precisava organizar a situação política na Grécia. Eleito capitão-general de todos os gregos, um novo cargo, anunciou a paz geral. Em tese, sua proposta encerraria os conflitos intermináveis na Grécia, com o apoio às estruturas políticas existentes e a proibição de redistribuição de terras. Na verdade, o predomínio de oligarcas pró-macedônios em muitos lugares dava a

*Acima: Isócrates (436-338 a.C.) foi um orador ateniense, que por muito tempo pediu à Grécia para se unir contra a Pérsia. Nos últimos anos de vida, elegeu Filipe como o líder ideal para empreender essa cruzada pan-helênica.*

Filipe o poder de controlar grande parte da Grécia. Com o objetivo de fortalecer seu poder, Filipe instalou tropas em Corinto, Ambrácia, Calcídica (em Eubeia) e Tebas. Em seguida, declarou uma guerra pan-helênica de vingança, enviou Parmênio com 10 mil soldados em direção à Ásia e Filipe voltou para o norte. Antes de conquistar a Ásia, havia assuntos internos que precisavam de sua intervenção.

## ASSASSINATO

"O touro está ferido; o fim está próximo; assim como o sacrifício." Essas foram as palavras do oráculo de Delfos, ambíguas como sempre, em resposta às perguntas de Filipe. Embriagado com o sucesso, Filipe presumiu que o touro fosse o Império Persa. Em meados do ano 336 a.C., comemorou o casamento em Aigai de sua jovem filha, Cleópatra, com o tio Alexandre de Épiro. Essas uniões sem laço afetivo com parentes próximos eram permitidas entre os membros da realeza. Em 338 a.C., Filipe apaixonou-se e casou-se com Eurídice, uma jovem de 17 anos, sobrinha neta do general Átalo. Eurídice teve uma filha e, em 336, nasceu um filho. Filipe divorciou-se de Olímpia, cujas relações com Épiro não eram mais necessárias e, em consequência, Alexandre ficou profundamente preocupado com seu futuro.

No entanto, no dia do casamento, quando Filipe assistia ao desfile dos 12 deuses do Olimpo em Aigai, seguido de seu retrato em tamanho olímpico, os dois Alexandre, o filho, e o novo genro, aproximaram-se dele. De repente, um jovem guarda chamado Pausânias correu em direção a Filipe e o apunhalou. Filipe morreu no mesmo instante. Pausânias foi pego ao tentar fugir e o executaram sumariamente.

O verdadeiro motivo por trás do crime morreu com o assassino, talvez um fato conveniente para muitas pessoas. Segundo boatos, Pausânias, que havia sido amante de Filipe, fora violentado pelos criados de Átalo, a quem caluniara. Mas a razão de Pausânias ter assassinado o rei não se esclareceu. Porém, não há dúvida de que esse fato beneficiou Alexandre, filho de Filipe com Olímpia, que não participaria da guerra com a Pérsia, e Olímpia, a ex-esposa de Filipe, foi condenada a um amargo exílio. A política na Macedônia retrocedeu ao seu padrão caótico. Mas Filipe, embora não tenha conquistado um império asiático, havia construído um império tão sólido, que não desmoronou após sua morte. Essa foi sua principal realização.

*Acima: Esta arca de ouro ou caixão, com uma ornamentação sofisticada encontrada nos túmulos da família real em Vergina (antiga Aigai), contém o que, supostamente, seriam os ossos de Filipe II. Esses tesouros esplendorosos refletem a glória da Grécia miceniana, a era dos heróis, e não as futuras democracias empobrecidas da Grécia.*

CAPÍTULO 2

# O JOVEM ALEXANDRE

356-336 a.C.

Alexandre foi um fenômeno desde o nascimento, como disseram mais tarde. As histórias dos primeiros anos de sua vida são tão fascinantes que parecem lendas. Porém não há dúvida de que foi uma criança e um adolescente prodígio. Extraordinariamente precoce, ele domou um garanhão selvagem aos 12 anos e foi regente do reino aos 16 na ausência do pai, Filipe II, quando repeliu uma invasão e fundou a primeira cidade com seu nome. Aos 18 anos, comandou a ação decisiva da divisão de cavalaria na batalha de Queroneia e, em seguida, fez uma missão diplomática delicada em Atenas.

Apesar de a vida na corte da Macedônia ser instigante e divertida, não era fácil e, portanto, estimulava um rápido desenvolvimento. Um ano depois dessas vitórias, a posição de herdeiro de Alexandre ficou ameaçada com o último casamento de Filipe. Porém, no ano seguinte, Alexandre ascendeu ao trono aos 20 anos após a morte do pai. Não se sabe se houve envolvimento dele no assassinato de Filipe, mas sua sucessão não era um direito garantido. No entanto, os gregos do sul, que tinham certeza de que a Macedônia mergulharia em revoltas e turbulências após a morte de Filipe, logo se desapontaram. Em poucas semanas, Alexandre assumiu o controle do reino, alguns meses depois percorreu a Grécia, com a rapidez de um raio, reivindicando as prerrogativas e os títulos de Fi-

*À esquerda: Mosaico de Pela datado de c.310 a.C. com a imagem do jovem Alexandre caçando leões.*

lipe. A campanha seguinte nos Bálcãs e o ataque repentino que destruiu Tebas mostraram aos gregos que Alexandre era ainda mais perigoso que Filipe.

# NASCIMENTO E INFÂNCIA
## 356-347 a.C.

*Acima: Duas cenas do Romance de Alexandre, uma história fantástica escrita a seu respeito bem depois de sua morte. Esta ilustração mostra Alexandre consultando o oráculo de Delfos (acima), uma ficção, e com seu cavalo inseparável, Bucéfalo (abaixo).*

O bebê que seria Alexandre III, Alexandre, o Grande, nasceu em julho de 356 a.C.; sua mãe, Olímpia, era sobrinha do rei de Épiro e o pai Filipe II, rei da Macedônia. Segundo Plutarco, antes do nascimento Olímpia sonhou que um raio atingira seu útero, enquanto Filipe sonhou que no útero de Olímpia havia a imagem de um brasão com a figura de um leão. Filipe recebeu a notícia do nascimento do primeiro filho (legítimo) no mesmo dia em que seus cavalos venceram uma competição nos Jogos Olímpicos e suas tropas conquistaram Potideia. A dinastia argéada da família de Filipe dizia ser descendente de Zeus por intermédio de Héracles, cuja moradia na montanha erguia-se na região sul do reino. A família de Olímpia descendia de Aquiles, o príncipe heroico de Homero. Assim, Ale-

*Abaixo: O nascimento de Alexandre em 356 a.C., retratado neste mosaico da Fenícia datado de c.310 a.C., foi precedido por presságios de grandeza, de acordo com as lendas posteriores. A Fenícia, um país da Ásia, helenizou-se após a conquista de Alexandre.*

xandre tinha os ancestrais mais ilustres possíveis. Esse fato ajudou-o a moldar a visão grandiosa de seu destino.

Os detalhes da infância de Alexandre são pouco conhecidos. O jovem príncipe não via o pai com frequência, sempre ausente nas guerras. A mãe escolheu seus primeiros dois tutores. Um deles, o primo Leônidas, tinha a rigidez e a austeridade de Leônidas, o herói de Esparta na batalha de Termópilas. Leônidas confiscou tudo que fosse exótico ou luxuoso nos pertences de Alexandre. Mais tarde, quando conquistou o Líbano, Alexandre enviou carregamentos de incenso para Leônidas, dizendo-lhe que não fosse perverso com os deuses. Por sua vez, o gentil Lisímaco afeiçoou-se tanto a Alexandre, que o seguiu na campanha da Ásia.

Essas influências masculinas ponderadas e sensatas compensaram o comportamento excêntrico da mãe. Olímpia dormia com serpentes sagradas em sua cama e venerava Dioniso, deus do vinho e das orgias, e a sinistra Hécate, deusa do suicídio e do submundo. "Enquanto algumas pessoas sacrificavam dezenas ou centenas de animais, Olímpia sacrificava milhares de animais", escreveu um aluno de Aristóteles, o filósofo que conheceu bem as intrigas e as personalidades da corte em Pela.

## OS NOVOS VISITANTES EM PELA

O crescimento rápido de Pela nessa época atraía diplomatas, cortesãos, artistas,

*Acima: Uma vista do monte Olimpo, a morada dos deuses olímpicos. Alexandre convenceu-se de que era filho de Zeus, rei dos deuses.*

comerciantes e exilados. Entre estes o persa Artabazo, um antigo sátrapa da Frígia. Ele chegou a Pela acompanhado pela bela filha, Barsine, dez anos mais velha que Alexandre. Estimulado pela curiosidade, o jovem príncipe conversou com os persas e descobriu as virtudes desse povo civilizado. Anos depois, quando se encontraram de novo na Ásia, Alexandre reconduziu Artabazo ao cargo de sátrapa, enquanto Barsine foi uma de suas amantes. Muitos recém-chegados a Pela eram do sul da Grécia, como Nearco, um marinheiro de Creta, e Demarato, um soldado de Corinto. Todos se tornaram grandes amigos de Alexandre, apesar do desprezo de muitos macedônios pelos mercenários gregos.

## A CONFERÊNCIA DE PAZ

Em 346 a.C., a combinação de trapaças, dinheiro e poder de Filipe causou seu triunfo. Os exércitos macedônios entraram na região central da Grécia para "punir" ostensivamente o sacrilégio dos fócios. Na conferência de paz que se seguiu a esse episódio, emissários da Grécia inteira, entre eles dois de Atenas, Demóstenes e seu opositor Ésquino, provavelmente subornado por Filipe, foram a Pela para participar do encontro.

Nessa ocasião Alexandre tinha 10 anos, uma idade suficiente para aparecer na corte e "tocar lira, recitar e discutir com outro menino", segundo Ésquino. Um ano depois, surgiu uma briga em Atenas com acusações de que um dos políticos flertara com o belo príncipe e fora influenciado por ele.

Qualquer que seja a verdade, essa discussão sugere que Alexandre já tinha uma visão política, além de revelar a predominância da homossexualidade na vida pública da Grécia.

### BUCÉFALO, O CAVALO DE ALEXANDRE

Aos 12 anos, Alexandre iniciou um dos principais relacionamentos de sua vida, com um cavalo. O amigo Demarato ofereceu a Filipe um enorme garanhão preto por 13 talentos, mais de três vezes a quantia já paga por um cavalo. Filipe deu ordens para levarem o cavalo, mas o animal empinou e recuou, recusando-se a obedecer. Filipe estava prestes a desistir de comprá-lo, quando Alexandre se ofereceu para domar o garanhão. Alexandre segurou-o pelo cabresto, lhe fez uma carícia e o acalmou. Em seguida, montou no cavalo e partiu a galope diante do aplauso geral. Filipe disse orgulhoso que a Macedônia nunca conseguiria reprimir um menino como ele. Ou assim conta a história. Alexandre percebera que o cavalo tinha medo de sua sombra. Ao virar sua cabeça em direção ao sol, ele superou o medo do cavalo.

Alexandre batizou-o de Bucéfalo, por causa da "cabeça semelhante à de um boi", com uma marca branca. Bucéfalo foi o amigo inseparável de Alexandre e o acompanhou nas campanhas pelo mundo distante. Alexandre montou-o em todas as principais batalhas e ensinou-o a se ajoelhar à sua frente, mesmo com a armadura. Quando as tribos das montanhas perto do Mar Cáspio raptaram o cavalo, a raiva de Alexandre foi tão terrível que elas o devolveram imediatamente.

Alexandre montou pela última vez em Bucéfalo na batalha contra o rajá indiano Poro em 326 a.C. Logo depois Bucéfalo morreu em razão da idade avançada, talvez com 30 anos. (Os gregos não sabiam calcular a idade de um cavalo pelos dentes, um método padrão.) Alexandre homenageou seu adorado garanhão com a fundação da cidade de Bucéfala no norte do atual Paquistão.

*Acima: Alexandre montado em Bucéfalo, o garanhão preto que o acompanhou nas campanhas pelo mundo distante. Alexandre era o comandante da divisão de cavalaria.*

# EDUCAÇÃO E JUVENTUDE
## 346-340 a.C.

Alexandre só tinha uma irmã legítima, a jovem Cleópatra, a quem amava muito. Mas as meninas não exerciam um papel importante na vida pública da Macedônia, embora não fossem reclusas como em Atenas. Com o objetivo de preparar o filho precoce, inteligente, mas emocionalmente instável para assuntos públicos, Filipe incentivou os filhos dos nobres a formarem um grupo seleto de amigos íntimos de Alexandre. Hefestião, filho de Amíntor, um aristocrata macedônio, foi seu amigo mais próximo.

### HEFESTIÃO
Alexandre, que aprendera a ler muito cedo, foi obcecado ao longo da vida pelos grandes poemas de Homero, em especial pela *Ilíada*, que narrava as proezas de seu suposto ancestral irascível, Aquiles. Na *Ilíada*, Aquiles tem uma devoção apaixonada pelo amigo Pátroclo, uma afeição que no século IV a.C. era vista como erótica, apesar da ausência de erotismo no texto de Homero. É quase certo que Alexandre e Hefestião foram amantes quando

*Acima: Aristóteles, o aluno mais brilhante de Platão na Academia em Atenas, foi escolhido por Filipe para ser o tutor do jovem príncipe. Apesar da aparência tímida, Aristóteles foi a mente mais brilhante de sua geração, e expandiu os horizontes intelectuais de Alexandre com seus ensinamentos.*

*Abaixo: Pintura medieval da escola de Aristóteles em Mieza, onde Alexandre e seus amigos aprendiam temas como zoologia e teatro.*

jovens e continuaram esse relacionamento por muitos anos, embora Alexandre sempre dissesse que só o sexo e o sono lembravam-lhe que era mortal. A relação homossexual entre dois meninos era

*Acima: Uma cabeça de bronze enorme de Hefestião, o primeiro amigo de Alexandre e provavelmente o primeiro amante. Hefestião era o substituto imediato de Alexandre no exército, e sua morte causou um profundo sofrimento a Alexandre.*

aceitável, até mesmo louvável, na sociedade militarista da Macedônia.

O único retrato preservado de Hefestião não sugere que tenha sido um homem bonito e os relatos indicam uma lealdade total a Alexandre, mas de uma subserviência tediosa. Hefestião terminou sua carreira como grão-vizir de Alexandre. Alexandre precisava de uma lealdade maçante, porém dedicada, nessa fase de sua vida, porque os pais brigavam constantemente. Filipe casara-se com outras mulheres mais jovens, quase sempre por razões políticas, o que exacerbava os ciúmes de Olímpia. Alexandre foi o infeliz alvo de seus discursos histéricos.

De acordo com relatos, Olímpia introduziu uma prostituta da Tessália no quarto de Alexandre para testar sua virilidade, mas ele a rejeitou. Essa atitude é compreensível, porque Alexandre sempre detestou prostituição e violação.

Outros meninos da nobreza macedônia, entre eles dois filhos de Antípatro (um dos melhores generais de Filipe) e outros jovens de clãs da Macedônia superior, em especial Hárpalo, reuniram-se ao círculo mágico, logo orientado pelo maior pensador da época. Filipe quis contratar o melhor tutor que o dinheiro poderia comprar para o filho adolescente. Em 342 a.C., Filipe escolheu um grego do norte como tutor: Aristóteles.

*Abaixo: Olímpia, retratada neste camafeu com o filho Alexandre, tinha um temperamento tempestuoso, com brigas frequentes com o marido infiel e tentativa de influenciar o filho contra o rei. Alexandre herdou muitas características do temperamento difícil e do misticismo da mãe.*

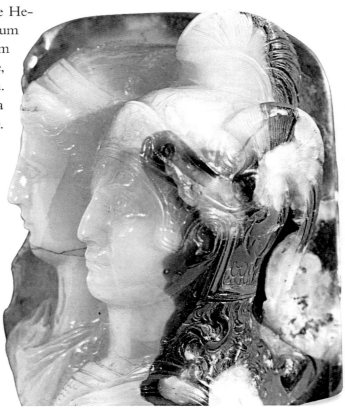

## O TUTOR FILÓSOFO

Nascido em 384 a.C. em Estagira, uma pequena cidade da Calcídica, destruída há pouco tempo pela Macedônia, Aristóteles fora o aluno mais brilhante de Platão na Academia em Atenas. Partiu de Atenas após a morte de Platão em 347 a.C., provavelmente desapontado por não ter sido nomeado diretor da Academia. Ao seguir para o norte em direção a Trôade (Dardanelos), reuniu-se a uma comunidade de filósofos e pouco depois casou com a filha de Hérmias, um governante local, em cuja corte começou a viver. Mais tarde se reuniu ao polímata Teofrasto em Lesbos, que fazia pesquisas sobre zoologia. Portanto, não era um acadêmico solitário quando chegou à Macedônia em 342 a.C. para dar aulas ao príncipe de 14 anos. Aristóteles morou durante quatro anos em Mieza, uma pequena cidade costeira.

"[Aristóteles] ensinou-o a escrever e lhe deu aulas de grego, hebraico, babilônio e latim. Mostrou a natureza dos ventos e do mar; explicou o movimento das estrelas e do universo... Transmitiu ensinamentos sobre justiça e retórica, e preveniu-o contra mulheres de vida licenciosa." Essa passagem foi extraída do livro *The Romance of Alexander*, uma biografia extremamente fantasiosa. Nem Aristóteles ou Alexandre sabia hebraico, babilônio ou latim (Roma ainda lutava para sobreviver na região central da Itália, embora Aristóteles tenha observado que a cidade tinha características de pólis). Mas Aristóteles ensinou a Alexandre uma enorme quantidade de temas sobre o mundo natural.

Bertrand Russell, filósofo do século XX, comentou que o "velho pedante e enfa-

donho devia causar tédio" em Alexandre. No entanto, Aristóteles era um homem educado; o pai Nicômaco fora médico de Amintas III, pai de Filipe, e só tinha 42 anos na época. O interesse de Alexandre pela botânica, zoologia, geografia e biologia foi estimulado por Aristóteles e, mais tarde, ele enviou espécimes da Ásia para o antigo tutor. Aristóteles também aprofundou o conhecimento dele acerca da literatura grega, sobretudo dos grandes dramaturgos atenienses, e Eurípides era um dos autores preferidos de Alexandre. Porém, o menino se transformou em homem de ação, e não em pensador, que talvez não tivesse muito interesse pela ética e a metafísica de Aristóteles.

## GREGOS E BÁRBAROS

Aristóteles e Alexandre divergiam profundamente a respeito da questão de gregos e bárbaros. Aristóteles tinha o típico preconceito dos gregos em relação aos "bárbaros", isto é, povos não gregos, inclusive os persas. Ele os considerava intrinsecamente inferiores e, portanto, deviam ser tratados como escravos. Bem cedo em sua carreira, Alexandre começou a pensar e a se comportar de maneira diferente. Essa visão divergente causou conflitos com seus soldados e com Calístenes, sobrinho e discípulo de Aristóteles, que fora designado historiador oficial de Alexandre. Porém Aristóteles expandiu e enriqueceu a visão de mundo de Alexandre durante sua estadia na Macedônia. Por sua vez, Aristóteles enriqueceu seu sentido mundano da vida na Macedônia. Ao morrer em 322 a.C., Aristóteles tinha 18 escravos, um sinal de um homem rico e não de um filósofo.

# PRIMEIROS POSTOS DE COMANDO E AS BRIGAS DA FAMÍLIA

## 340-336 a.C.

O treinamento militar foi muito mais importante na formação de Alexandre que o estudo de botânica ou a leitura de Homero. Todos os meninos da Macedônia aprendiam a manejar armas e a cavalgar. Na adolescência, Alexandre era um exímio cavaleiro e muito hábil no uso das armas. Era também apaixonado por caçadas de ursos, leões e javalis nas florestas da Macedônia, um passatempo tradicional da família real. Mas Alexandre tinha um talento especial de liderança, essencial na monarquia informal, porém, absolutista da Macedônia, que não lhe foi transmitido por nenhum ensinamento.

### DERROTA DOS MEDOS

Alexandre assumiu a regência do reino durante a ausência de Filipe nas campanhas na Trácia e nos longos e infrutíferos cercos de Perinto e Bizâncio em 340 a.C. Esse fato confirma a confiança de Filipe no filho com

*Acima: Épiro, o país natal de Olímpia, a noroeste da Grécia, era ainda mais selvagem do que a Macedônia. Alexandre, que havia discutido com o pai, acompanhou a mãe em seu exílio em Épiro após o divórcio com Filipe, mas logo retornou à Macedônia.*

*Abaixo: Alexandre e um amigo, talvez Crátero, caçando leões em um mosaico de Pela datado de c.310 a.C. Alexandre sentia quase o mesmo prazer em caçar como em guerrear, apesar de nunca ter caçado ou guerreado sem roupas.*

apenas 16 anos, embora o experiente general Antípatro estivesse atento para ajudá-lo se fosse preciso. O talento militar de Alexandre foi logo testado, quando uma invasão dos medos, um povo da Trácia (talvez por saberem que o rei estava ausente), ameaçou a fronteira oriental da Macedônia. Alexandre reuniu as tropas de reserva, derrotou os medos e perseguiu-os até a Trácia. Para comemorar a vitória, fundou Alexandrópolis, a primeira das muitas cidades com seu nome.

## BATALHA DE QUERONEIA

Não se sabe a opinião de Filipe a respeito do comportamento do filho, mas essa vitória militar o impressionou o suficiente para dar a Alexandre o comando da ala esquerda da divisão de cavalaria do exército macedônio na batalha de Queroneia, em 338 a.C. A luta dos hoplitas foi decisiva nessa batalha. No momento oportuno, Alexandre separou o corpo de infantaria amador de Atenas de seus aliados tebanos. Em seguida, manteve a tropa tebana mais experiente sob controle até que a infantaria macedônia a destruiu. (A unidade de cavalaria grega era em geral ineficaz diante da infantaria hoplita bem treinada.) Alexandre mostrara que tinha capacidade de comandar *e* controlar tropas de cavalaria em uma ofensiva violenta.

Pouco depois, Filipe nomeou Alexandre comandante da guarda de honra que entregaria cerimoniosamente as cinzas dos soldados atenienses à cidade de Atenas, um cerimonial essencial nos ritos fúnebres gregos. Como convidado especial, Alexandre visitou a

*Abaixo: Nesta cópia excelente do busto de Alexandre esculpido por Lísipo, um dos melhores escultores de sua época, o dinamismo visionário e a crueldade do jovem conquistador são visíveis.*

maior cidade da Grécia. Supostamente, rejeitou o oferecimento da companhia de um rapaz jovem em sua cama, o que revelou mais uma vez sua aversão à prostituição. Não se sabe sua opinião a respeito de Atenas, que Platão, com seus sentimentos ambíguos em relação à sua cidade natal, chamara de a "porta de acesso à sabedoria grega".

## BRIGAS E EXÍLIO

Essa harmonia entre pai e filho não foi duradoura. Ao voltar para a Macedônia, Filipe casou-se pela sétima vez, agora com a jovem de 17 anos Eurídice, sobrinha neta de Átalo, um dos principais marechais macedônios. Ao contrário de muitos casamentos anteriores motivados por interesses políticos, dessa vez estava apaixonado. Esse casamento era uma ameaça à posição de herdeiro de Alexandre, pois os filhos de Eurídice seriam macedônios por parte de pai e mãe, ao contrário de Alexandre cuja mãe nascera em Épiro. Certa

---

### O FIASCO DO CASAMENTO COM UMA JOVEM DE CÁRIA

Arrideu era o filho com problemas mentais de Filipe com uma dançarina. Esse membro insignificante da família real poderia casar com a filha do sátrapa de Cária, que queria se aliar a Filipe e, em consequência, estenderia sua influência na Ásia. Mas Alexandre, ao saber dessa proposta, pediu em segredo a mão da jovem, com medo que Filipe cedesse o reino a Arrideu. Os cários, encantados com a perspectiva de um casamento com uma pessoa tão importante como Alexandre, aceitaram o pedido. Mas Filipe proibiu o plano e exilou muitos amigos de Alexandre que o haviam convencido a ter essa iniciativa. Assustados, os cários aliaram-se a um sátrapa persa, o que destruiu os planos cuidadosos de Filipe.

---

noite, Átalo convidou os amigos para rezar por "um verdadeiro herdeiro macedônio". Alexandre furioso e embriagado provocou um briga. O pai, também bêbado, levantou-se e desembainhou a espada, mas tropeçou e caiu. "Eis o homem que quer atravessar a Ásia, mas cai nas almofadas!", zombou Alexandre. Depois desse incidente, Alexandre exilou-se em Épiro junto com a mãe e alguns amigos mais íntimos.

Olímpia continuou no exílio até a morte de Filipe. No entanto, Filipe ainda precisava de um herdeiro adulto e Alexandre logo se entediou na provinciana Épiro e decidiu voltar para a Macedônia. Alguns meses depois, os atritos entre pai e filho terminaram, e a reconciliação beneficiou-se do fato de Eurídice ter tido uma filha. Mas Alexandre ainda se preocupava com sua posição, como comprovado pelo fiasco do casamento com uma jovem de Cária.

## A MORTE DE FILIPE

Em 336 a.C., Eurídice deu à luz um menino, um rival de Alexandre. Em meados do ano, Filipe anunciou o casamento de Cleópatra, sua filha com Olímpia, com Alexandre de Épiro, tio da jovem. Com esse casamento Filipe poderia dispensar os laços matrimoniais com Olímpia, de quem logo se divorciou. Alexandre sentiu-se de novo inseguro, sobretudo por não acompanhar Filipe na invasão à Ásia, pelo fato de ocupar a regência do reino. Mas estava ao lado do pai na manhã fatídica de 336 a.C. no teatro em Aigai, quando assistiam ao desfile dos deuses do Olimpo. Poucos minutos depois, Filipe foi assassinado por Pausânias, um guarda-costas, sem motivo aparente. Alexandre era o herdeiro óbvio. Mas essa sucessão não seria automática.

# A GARANTIA DO TRONO E DA GRÉCIA

## 336-335 a.C.

Embora fosse o herdeiro óbvio, a sucessão de Alexandre não era garantida. O primo Amintas, repudiado há vinte anos, tinha pretensões ao trono, assim como o filho de Eurídice. Mas o exército e a nobreza conheciam Alexandre. O assassino Pausânias fora morto ao tentar fugir em um cavalo que o esperava. Amintas, o filho de Eurídice e dois irmãos de Lincéstide, cuja lealdade era suspeita, também foram executados sumariamente. Quando Alexandre de Lincéstide deu um passo à frente para saudar Alexandre como rei, esses acontecimentos haviam garantido sua posição. Essa ferocidade preventiva foi uma característica do reinado de Alexandre. O novo rei anunciou um corte oportuno de impostos e organizou jogos funerários para o pai. Filipe foi enterrado com todo o esplendor real em túmulos descobertos há pouco tempo.

No início, Alexandre contou apenas com o apoio firme de Antípatro, um dos três marechais de Filipe. Átalo, o outro marechal e seu inimigo, que comandava a guarda avançada na Ásia, foi assassinado discretamente. Esse assassinato contou com o consentimento de Parmênio, o último dos três marechais. (Os filhos de Parmênio eram reféns úteis a serviço de Alexandre.) Com o trono garantido, Alexandre conduziu o exército entre as duas metades de um cachorro dissecado – um antigo rito macedônio – e seguiu em direção ao sul em outubro.

*Acima: A riqueza da Macedônia revela-se nesta armadura peitoral decorada com ouro encontrada nos túmulos da família real em Vergina (antiga Aigai) da época do reinado de Filipe II.*

*Abaixo: As elegantes colunas jônicas do palácio real em Pela, a cidade onde Alexandre passou o último inverno na Macedônia, em 335-334 a.C.*

A Grécia fervilhava. A notícia da morte de Filipe estimulara reações de oposição aos macedônios na Grécia inteira, e Alexandre tinha de eliminá-las o mais rápido possível. Quando a Tessália impediu a passagem do exército macedônio no vale de Tempe, ele cortou caminho pela parte lateral do Monte Ossa, e foi eleito líder dos tessalônicos atônitos, desde então aliados fiéis. Ao entrar na Grécia no comando do seu exército, Alexandre instigou a oposição e o nomearam chefe da Liga de Coríntio como sucessor de Filipe. Em seguida, partiu para o norte. Mas antes da campanha da Ásia era preciso pacificar as tribos dos Bálcãs.

## OS BÁLCÃS E TEBAS

Em 335 a.C., Alexandre decidiu atacar os tribálios, um povo da Trácia, que fizera uma emboscada a Filipe três anos antes. Ao encontrar a passagem vital do desfiladeiro de Shipka defendido pelos tribálios com carretas prontas para atacar o exército, Alexandre deu ordens aos soldados para deitarem no chão com os escudos protegendo os corpos. As carretas rolaram por cima dos soldados sem feri-los e Alexandre usou fundeiros e arqueiros para atrair os tribálios ao campo de batalha, onde foram massacrados pela infantaria. Em seguida, os tribálios recuaram para a margem distante do Rio Danúbio. Como Alexandre não tinha navios para transportar as tropas, os macedônios encheram as tendas de couro com palha e atravessaram o rio nessas balsas improvisadas, protegidos pelos projéteis lançados pelas catapultas. Quando chegaram do outro lado do rio, marcharam em direção aos tribálios, muitos dos quais se reuniram ao exército macedônio cada vez mais poliglota. Alexandre foi o primeiro comandante grego a atravessar o Danúbio.

Alexandre decidiu em seguida atacar os ilírios na fronteira a noroeste. Encurralado

### DIÓGENES E ALEXANDRE

Diógenes de Sinope (404-325 a.C.) foi um filósofo extremamente original. Com desprezo pelos bens materiais, dormia em um barril e fazia todas as funções corporais em público. Segundo Diógenes, só a distinção entre virtude e vício era importante para ele. Seu desdém pelas convenções sociais e a forma como vivia lhe angariaram o apelido de *cynos* (cão) e seus seguidores eram chamados de cínicos. Supostamente, conheceu Alexandre em uma visita a Corinto em 336 a.C. Nesse encontro, o rei perguntou se haveria alguma coisa que pudesse fazer por ele. Sim, respondeu Diógenes, afaste-se do meu sol. Alexandre ficou tão impressionado que disse: "Se eu não fosse Alexandre, queria ser Diógenes". Sem dúvida, os dois perseguiram seus objetivos com um extremismo radical.

*Abaixo: Em Corinto, onde preparava a organização da liga pan-helênica contra a Pérsia, Alexandre conheceu o filósofo cínico, o asceta Diógenes, que vivia em um barril.*

em um vale estreito com uma floresta densa, organizou uma falange com 120 soldados. Os ilírios recuaram mais por medo do assobio agudo e prolongado das sarissas e do som metálico do choque dos escudos, do que pela força das armas. Um ataque à noite teria derrotado definitivamente os ilírios, mas as notícias do sul obrigaram o exército a retornar o mais rápido possível. Tebas revoltara-se com os rumores da morte de Alexandre, assassinara alguns oficiais macedônios e restaurara a democracia.

Em duas semanas, Alexandre percorrera 800 quilômetros em direção ao sul, com uma rapidez inacreditável. No início, os tebanos ficaram incrédulos com a velocidade da marcha, mas desafiaram as forças macedônias. No entanto, as outras cidades gregas não se mobilizaram para ajudar Tebas. Os macedônios enfrentaram um duro combate fora dos muros da cidade, mas os tebanos deixaram um portão lateral aberto atrás deles. Os macedônios entraram na cidade e capturaram Tebas. Os 35 mil habitantes foram mortos ou escravizados, e os edifícios, com exceção dos templos e da casa de Píndaro, o famoso poeta, foram destruídos. Uma das cidades mais antigas da Grécia desapareceu do mapa.

Acima: Um retrato romântico dos triunfos de Alexandre pintado pelo artista do século XIX Gustave Moreau. As conquistas rápidas de Alexandre logo se converteram em lenda.

Depois desse ato de terror premeditado, apoiado pela Liga de Corinto, os gregos não causaram mais problemas a Alexandre. Mas, diante da recusa ao seu pedido para expulsar Demóstenes de Atenas, capturou vinte trirremes atenienses como reféns. Em seguida, voltou para Pela a fim de preparar a invasão ao Império Persa depois de um período de festas e planejamento da campanha à Ásia.

# METAS E FORÇA
## 334 a.C.

Alexandre não foi o primeiro governante grego a pensar em atacar o Império Persa. Jasão de Feras e Filipe, seu pai, tinham planos de invadi-lo, frustrados apenas em razão de seus assassinatos, e a ideia fora sugerida por Isócrates, entre outros, durante décadas. A marcha dos Dez Mil, um grupo de mercenários gregos que invadiu o Império Persa e voltou praticamente ileso em 401 a.C., demonstrou a vulnerabilidade da Pérsia. Desde então, a Pérsia contratou com regularidade hoplitas gregos, que continuaram a dominar as guerras na região do Mediterrâneo e no Egito. Mas as campanhas fracassadas do rei de Esparta, Agesilau, na Ásia Menor na década de 390 a.C., indicaram que um general respeitável e hoplitas não bastavam para conquistar a Ásia. (De qualquer modo, problemas na Grécia tinham obrigado o rei Agesilau a retornar a Esparta.) Apesar de a Pérsia não ter uma infantaria pesada para enfrentar os hoplitas em condições de igualdade, as tropas numerosas de cavalaria eram excelentes.

*Acima: O desenho elaborado deste krater (copo para líquidos) de bronze brilhante da Macedônia revela a riqueza recém-adquirida do reino.*

*Abaixo: Estátua de Alexandre esculpida em baixo-relevo logo após sua morte no sarcófago descoberto perto de Sídon. Alexandre sempre comandava o exército na frente de batalha.*

## UM IMPÉRIO DESCONHECIDO

Poucos gregos tinham ideia das possíveis consequências de uma campanha no Oriente. Embora alguns tenham visitado Susa, a capital administrativa da Pérsia (atual região sudoeste do Irã), como emissários em missões diplomáticas, mercenários, escravos e artesãos, desconheciam a imensidão do império. Mesmo Aristóteles, que, provavelmente, conhecia mais geografia do que qualquer outro grego, subestimou a distância entre o Mar Egeu e Susa. E o interior do império estendia-se a leste de Susa. Para atravessar os

enormes planaltos e as cadeias de montanhas da Ásia, com o objetivo de conquistar a Pérsia, a cavalaria precisaria do apoio de um exército profissional.

## UM EXÉRCITO FORTE, UMA MARINHA FRACA

Alexandre tinha um exército profissional, graças a Filipe, pela primeira vez na história da Grécia, baseado na formação da infantaria em grandes agrupamentos de falanges invencíveis em condições adequadas. Ele também tinha os hipapistas armados com lança e escudo, armas de cerco, catapultas, arqueiros cretenses, fundeiros trácios e ilírios ocasionais, e arremessadores de dardos. Além disso, tinha excelentes soldados de cavalaria, inclusive alguns tessálios, que haviam ensinado aos macedônios a estratégia de ataque extremamente eficaz do deslocamento de tropas em forma de triângulo.

Em 334 a.C., Alexandre seguiu para a Ásia com um exército de 43 mil soldados de infantaria e 6 mil de cavalaria, um exército imenso para os padrões gregos, porém modesto segundo os persas. Alexandre deixou Antípatro na Macedônia com 12 mil soldados de infantaria e 1.500 de cavalaria, além de tropas espalhadas em diversos lugares da Grécia e da Macedônia. O ouro e a prata do Monte Pangeu, assim como as terras recém-conquistadas por Filipe, onde os escravos trabalhavam, ajudaram a custear as despesas militares. Mas, ainda assim, Alexandre iniciou a campanha em maio de 334 a.C. com uma dívida de 600 talentos.

Apesar de um exército tão profissional, a Marinha da Macedônia só tinha 160 trirremes, incluídos os trirremes dos aliados relutantes em colaborar. Atenas tinha 400 trirremes, porém poucos marinhei-

*Acima: Alexandre no comando do exército. Antes de tudo, ele gostava de guerrear, com um prazer homérico no campo de batalha.*

ros. A frota ateniense era a maior da Grécia, mas Atenas continuava a manter sua posição neutra e ambivalente. Os vinte navios atenienses capturados por Alexandre agiam como reféns na frota, a maioria dos quais ele dispensou em 334 a.C.

A grande vantagem de Alexandre era seu gênio militar e a sorte, na qual acreditara desde o início, uma crença que influenciara suas tropas. Generais competentes e o melhor exército do mundo eram as armas com as quais pretendia lutar.

## UM PLANO EM PROCESSO

O que Alexandre tinha em mente quando começou a ofensiva no primeiro semestre de 334 a.C. ainda é discutível. O historiador William Tarn escreveu: "O principal motivo de Alexandre ter invadido a Pérsia foi sua *inabalável* decisão de conquistar o Império Persa. Fazia parte de sua herança". Alexandre queria se vingar da invasão da Pérsia em 480-479 a.C. A maioria dos gregos, no entanto, não pensava que essa fosse a verdadeira razão. Talvez achassem, assim como alguns oficiais, que Alexandre conquistaria a Ásia Menor, faria um ataque surpresa na região central da Pérsia e voltaria com os despojos da guerra. É possível que a rivalidade com o pai morto, um desejo semiconsciente de ser um conquistador melhor e mais rápido do que Filipe, tenha estimulado Alexandre no início, mas seu *pothos* (desejo) e uma crescente visão imperial o impulsionaram em direção ao Oriente.

## ALEXANDRE, O IMPERADOR DA ÁSIA

Ao chegar à Ásia, Alexandre jogou uma lança na margem da costa asiática para, simbolicamente, reivindicar o direito de conquistar o império. Em seguida, nomeou um macedônio como sátrapa da cidade costeira de Frígia, a primeira província conquistada, de acordo com o sistema imperial da Pérsia. No entanto, logo depois assumiu o papel de libertador das cidades gregas na Ásia Menor e, mais tarde, enviou para Atenas as estátuas encontradas em Susa de Harmódio e Aristogeu, os tiranicidas atenienses, roubadas pelos persas em 480 a.C. Mas renomeou persas como sátrapas para governar suas províncias depois da batalha de Gaugamela em 331 a.C., sua principal vitória. Nessa época, Alexandre convencera-se de que era herdeiro da dinastia aquemênida, os governantes da Ásia. Por esse motivo, tinha de impressionar seus súditos asiáticos e começou a usar detalhes do vestuário dos reis persas, além do protocolo e das regras da corte da Pérsia, como a *proskynesis*, a inclinação diante do trono. Essas inovações desagradaram os macedônios. Alexandre que começara a guerra como um vingador grego, a concluiu como um imperador asiático de língua grega.

*Abaixo: A falange continuou a ser uma formação estratégica no exército de Alexandre, embora confiasse na divisão de cavalaria para dar o golpe decisivo no campo de batalha.*

# PÉRSIA: UM IMPÉRIO EM DECLÍNIO? 404-336 a.C.

O império aquemênida fundado por Ciro, o Grande, e por Dario I (556-486 a.C.) foi o maior poder hegemônico no mundo, que dominou o território entre a Índia e a Macedônia. Nas guerras Médicas (490-478 a.C.), os gregos derrotaram a Pérsia apenas pela união raríssima das pólis gregas. A frota de Atenas e seus aliados da Liga de Delos lutaram com dificuldade durante anos para expulsar os persas das ilhas do Mar Egeu e da costa do continente grego. Mas Atenas sofreu uma dura derrota em Chipre e no Egito.

A paz de Calias de 449 a.C. confirmou definitivamente que as ilhas do Mar Egeu e as cidades pertenciam a Atenas, enquanto o resto da Ásia, inclusive a metade grega de Chipre, ficaria sob domínio da Pérsia, a exemplo do Egito, a segunda satrapia mais rica do império. Na verdade, Atenas só conquistara poucas cidades costeiras da Pérsia.

> **TRAIÇÃO NA CORTE**
>
> O poder dos persas dependia do grande rei que, por sua vez, dependia dos cortesãos. Artaxerxes III nomeara Bagoas, um eunuco, grão-vizir (primeiro-ministro); os eunucos trabalhavam na corte, em razão de não representarem em tese uma ameaça. No entanto, Bagoas tinha ideias próprias e em 338 a.C. envenenou o rei, assim como o próximo rei. Em seguida, Bagoas escolheu Dario Codomano, um nobre com direito distante ao trono como rei. Em 336 a.C., ele ascendeu ao trono como Dario III, o último aquemênida. Pouco depois, Dario mandou assassinar o eunuco traiçoeiro, mas foi deposto neste mesmo ano com a conquista do Império Persa por Alexandre, o Grande.

*Abaixo: As escadarias de Apadana em Persépolis construídas no reinado de Dario I (521-486 a.C.) com a imagem dos 10 mil Imortais, a elite do regimento de infantaria pesada chamada de "imortal", porque quando um soldado morria era imediatamente substituído.*

## A INDEPENDÊNCIA DO EGITO

O Egito, no entanto, orgulhoso de sua antiga civilização, sempre se ressentiu do domínio persa. Os *fellahin* (camponeses) eram influenciados pelos sacerdotes poderosos irritados com o desprezo óbvio dos persas por sua religião. Por esse motivo, o Egito tinha revoltas frequentes. Rebelou-se três vezes no século V a.C. e, após 405 a.C., manteve sua independência durante sessenta anos, com o apoio dos hoplitas gregos para repelir os persas. O Egito contou também com a ajuda do idoso rei Agesilau de Esparta, apesar de arruinado pelas guerras frequentes.

A independência do Egito foi uma humilhação, além de uma perda financeira para o grande rei. Porém não representou uma ameaça séria ao Império Persa, como a revolta do príncipe Ciro em 401 a.C. Com ciúmes do irmão mais velho Artaxerxes, que ascendera ao trono, Ciro tinha amplos poderes na Ásia Menor, fato pouco usual. Então usou esses poderes para recrutar um exército rebelde constituído em sua essência por "10 mil hoplitas gregos, que seguiram para o interior do país" (como citado por Xenofonte, um soldado e historiador, em *Anábase*). As forças imperiais persas não tentaram impedir sua passagem até ele chegar a Cunaxa, ao norte da Babilônia. Os rebeldes venceram a batalha de Cunaxa, graças aos gregos. Mas Ciro, que tentara matar pessoalmente seu odiado irmão, morreu na batalha. O retorno dos gregos à Grécia sob o comando de Xenofonte é um relato emocionante e diante dessa der-

*Acima: Dois dos 10 mil Imortais, nobres persas que compunham a elite do regimento de infantaria. Essas tropas eram as únicas unidades de infantaria pesada do exército do grande rei.*

rota os persas decidiram contratar hoplitas gregos. Essa contratação seria fácil para um império rico, se não existissem os sátrapas poderosos.

## A REVOLTA DOS SÁTRAPAS

O sistema de governo persa concedia amplos poderes aos sátrapas, tanto financeiros quanto militares, em suas províncias em geral extensas. O tamanho e a diversidade do Império Persa e a lentidão das comunicações talvez tenha causado esse excesso de poder, e os "ouvidos do rei", como eram chamados seus agentes, controlavam os súditos. Mas em lugares distantes do império (a viagem de Susa até a região ocidental da Ásia Menor demorava três meses mesmo pela estrada real), os sátrapas com frequência fundavam dinastias hereditárias. Esses governantes com um status quase de duques desenvolviam relações locais, ambições e rivalidades, que enfraqueciam a lealdade à Coroa na longínqua Susa.

Na década de 360 a.C., muitos sátrapas da região ocidental da Ásia rebelaram-se no que ficou conhecido como "Revolta dos Sátrapas". Até mesmo a Capadócia no interior da Anatólia revoltou-se, assim como Chipre (de novo) e Sídon na Fenícia. Em Cária, a dinastia de Mausolo começou a estender seu poder, enquanto o Egito mantinha a independência. Tendo em vista que as moedas, essenciais para pagar mercenários, só eram cunhadas nas satrapias a oeste do império, essa limitação ameaçou a contratação importante de mercenários gregos e de navios, em geral fornecidos pela Fenícia, Chipre e Cária. O império a oeste do Rio Eufrates parecia perdido.

Em 358 a.C., Artaxerxes II, um alcoólatra incompetente, foi sucedido por Artaxerxes III Ocus, um governante muito mais hábil e capaz. Assim como Filipe II, seu contemporâneo, Artaxerxes instigava os conflitos entre seus inimigos, enquanto reunia uma imensa quantidade de soldados no interior do império. Com essas tropas destruiu Artabazo, o

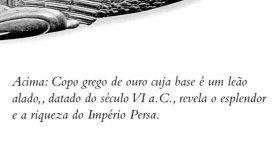

*Acima: Copo grego de ouro cuja base é um leão alado,, datado do século VI a.C., revela o esplendor e a riqueza do Império Persa.*

sátrapa da cidade costeira de Frígia (noroeste da Ásia Menor), e começou a recuperar a península inteira, após a morte de Mausolo em 353 a.C. Os persas reconquistaram Sídon em 344 a.C. depois de um longo cerco e recuperaram o Egito, onde foram odiados por causa de represálias brutais. O poder dos persas foi restaurado na região oeste, e Artaxerxes ajudou as cidades de Perinto e Bizâncio durante o cerco de Filipe.

# A PÉRSIA: FORÇA E ESTRATÉGIA
## 335-333 a.C.

No século IV a.C., os gregos em geral subestimaram o poder dos persas, uma opinião baseada não só na marcha dos 10 mil como também no preconceito dos gregos em relação aos "bárbaros", seres intrinsecamente inferiores na visão dos gregos. Porém a Pérsia era uma superpotência na época, apesar de alguns pontos fracos. Em um dia de marcha de 48 quilômetros da costa do Mar Egeu a leste até o interior, o poder do grande rei permanecia inabalável. Ao longo da estrada real com quase 2.400 quilômetros de Sardes a Susa, os mensageiros galopavam levando

*Acima: Na década de 330 a.C., o Império Persa acumulara 230 mil talentos em seus cofres do reino em Susa e Persépolis. Só uma minúscula fração dessas moedas de ouro foi usada para fabricar requintados copos como o desta ilustração.*

relatórios dos sátrapas para as capitais do império e voltavam com éditos reais. A Babilônia, a província mais rica do reino e berço da civilização mais antiga, estava protegida com o suprimento de alimentos e outras matérias-primas essenciais para o império. As cidades fenícias, que forneciam navios excelentes de trezentos ou mais remos, também permaneciam sob domínio dos persas. O Egito fora reconquistado há pouco tempo, e a Cária e o Chipre estavam mais

*À esquerda: Um cavalo especial da Lídia esculpido em baixo-relevo no palácio de Dario I em Persépolis. Todos os povos da Ásia ocidental contribuíram para a maciça força militar da Pérsia.*

## O JOVEM ALEXANDRE 47

*Acima: O poder do Império Persa dependia do grande rei, Dario III, o último governante aquemênida, retratado nesta ilustração em sua carruagem. Dario III não se comportou como um general ou um guerreiro ao enfrentar Alexandre.*

uma vez sob o controle persa. Essas cidades não apoiavam a Pérsia, mas, com exceção do Egito, não faziam uma oposição vigorosa. O governo imperial tinha a sabedoria de ser flexível e tolerante e, assim, não hostilizava seus súditos.

## A FORÇA MILITAR...

Mas os medos e os persas, os principais povos do império, eram dedicados ao trono e ao império, e quase sempre ao rei. Esses povos uniam-se também na crença ao zoroastrismo. O grande rei não era considerado um deus pelos persas monoteístas, mas seu papel e poder eram divinos, protegidos em especial por Aúra-Masda, o deus da sabedoria.

Tradicionalmente, os meninos persas aprendiam a cavalgar, a atirar e lhes ensinavam a não mentir em nenhuma circunstância. Em consequência, eram muito competentes, e excelentes cavaleiros e arqueiros. Os arqueiros persas atiravam flechas a quase 200 metros de distância, e a província de Parsis (Fars), a pátria do povo persa, forneceu 30 mil arqueiros para o exército. Nas férteis pastagens de Media, ao redor de Ecbátana, 200 mil cavalos robustos nativos da cidade de Niceia pastavam, prontos para serem montados pelos aproximadamente 120 mil soldados da cavalaria do grande rei.

## ...E FRAQUEZA

Só o regimento de infantaria não tinha a mesma força e eficiência das demais unidades militares. Os 10 mil soldados da elite da infantaria pesada, chamados de Imortais, pois quando um soldado morria outro o substituía imediatamente, fora há muito tempo para a Grécia. Com certo exagero, diziam que havia 50 mil mercenários gregos lutando ao lado dos persas nas duas principais batalhas, um número maior do que todas as tropas do exército de Alexandre. Esses mercenários eram leais a quem os contratava.

## AMEAÇAS DISTANTES

A leste de Media, a estrada de Khorasan percorria os altos planaltos da região oriental da Pérsia e da Ásia Central. Não era uma estrada militar pavimentada, e sim um ca-

*Abaixo: O cilindro de Ciro, possivelmente do reinado do primeiro monarca da Pérsia, foi encontrado na Babilônia. O cilindro tem uma inscrição que exalta os ideais persas: "Eu respeitarei as tradições, os costumes e as religiões das nações do meu império e nunca permitirei que os governadores e seus subordinados os desprezem ou os insultem, enquanto viver". Essa tolerância foi responsável pelo sucesso do Império Persa.*

minho usado por comerciantes e exércitos da Báctria a Sogdiana (atual Uzbequistão) na Ásia Central. Ao norte dessas satrapias, estendiam-se as estepes áridas e desérticas, onde os nômades selvagens às vezes apareciam. Esses nômades eram uma ameaça muito maior para as províncias do interior da Pérsia que os marinheiros gregos que navegavam pelo Mar Egeu como piratas.

## SEM ESTRATÉGIA FIXA

Os impostos em ouro e prata do Egito para Sogdiana, que durante dois séculos encheram os cofres reais de Susa e Persépolis, o grande centro religioso, geraram uma reserva gigantesca de 230 mil talentos, uma quantia de dinheiro muito além dos sonhos de qualquer potência grega. Mas o poder do Império Persa dependia essencialmente do rei Dario III que, apesar de uma bela aparência e de ter matado um homem em combate, não era bom estrategista nem comandante em chefe competente. Por duas vezes em momentos vitais da batalha, ficou em pânico e fugiu, o que possibilitou a vitória de Alexandre. Essa covardia física e o descontrole emocional teriam sido menos importantes para o exército se ele não houvesse ficado na retaguarda da batalha. Em geral, os reis persas lideravam os exércitos.

Diante do invasor agressivo, a Pérsia poderia ter tentado impedir que o exército de Alexandre atravessasse o Helesponto em 334 a.C., mas a Marinha persa não conseguiu detê-lo. Os persas então tiveram de fazer a escolha: enfrentar Alexandre em uma batalha ou adotar a estratégia de queimar as terras em seu caminho, para privar os macedônios de alimentos. O exército persa recuaria para a região oriental da Ásia e, ao mesmo tempo, estimularia revoltas em sua retaguarda para impedir a invasão da Pérsia. Havia muitos gregos descontentes com a hegemonia da Macedônia, e a Pérsia tinha dinheiro para financiar as rebeliões.

Essa foi a estratégia proposta por Mêmnon, o mercenário de Rodes, que se destacara a serviço do Império Persa. Mêmnon havia casado com uma persa e ganhara propriedades rurais na Ásia Menor. No início, seu conselho foi ignorado, os persas foram derrotados na batalha de Grânico em 334 a.C., e só alguns sátrapas locais, relutantes em devastar suas terras, seguiram seu conselho, para que o exército macedônio fosse privado de alimentos durante o avanço das tropas. A longa defesa de Halicarnasso e os contra-ataques bem-sucedidos na região oriental do Mar Egeu fizeram parte da tática de Mênnon. Mas Mênnon morreu em 333 a.C. e sua morte provocou uma mudança total na estratégia militar, com resultados desastrosos.

*Abaixo: O palácio de cem colunas, em Persépolis, onde as conspirações da corte prejudicaram os esforços dos persas para resistir à invasão da Macedônia.*

# A TRAVESSIA DA ÁSIA
## 334 a.C.

No início de maio de 334 a.C., Alexandre despediu-se da mãe, que, segundo dizem, lhe contou o "segredo" do seu nascimento. Nunca mais se viram. Em seguida, Alexandre partiu com seu exército em direção à Trácia e ao Helesponto. Nesse local, as tropas remanescentes de Parmênio o esperavam, depois de serem expulsas da Ásia, além dos 160 navios cedidos pelos aliados relutantes.

O estreito de Helesponto, com apenas 4,5 quilômetros de largura, tinha correntes perigosas, mas os macedônios estavam mais preocupados com a ameaça da frota persa, superior em tamanho e eficiência. No entanto, os navios persas não apareceram,

*Acima: As ruínas de Troia, que Alexandre visitou em 334 a.C. e rebatizou de Alexandria Trôade. A cidade prosperou nos séculos seguintes como uma pólis grega. Troia foi um local de turismo.*

*Abaixo: Alexandre entre Héracles (à direita), um herói semidivino com quem se identificava, e Posêidon, o deus dos mares, a quem sempre oferecia sacrifícios.*

porque uma pequena revolta no Egito dois anos antes ainda exigia a presença da frota persa, ou, mais provável, pela indecisão e falta de preparação do exército persa.

### SACRIFÍCIO E LIBAÇÕES

Com o leme do trirreme na mão, Alexandre comandou sessenta navios na travessia do estreito, enquanto os trirremes restantes partiram em outra direção sob comando de Parmênio. Na metade do caminho, Alexandre sacrificou um touro em homenagem a Posêidon, deus dos mares, e fez libações em intenção das Nereidas, as ninfas marinhas. Alexandre era sempre meticuloso no cumprimento dos rituais. Depois vestiu a armadura. Quando o trirreme chegou à margem da Ásia, jogou sua lança no solo persa, em uma atitude simbólica de posse, e desembarcou. Alexandre foi o primeiro macedônio a pisar no território persa. O desembarque, assim como a travessia, não enfrentou resistência ou, talvez, tenha passado despercebido pelos persas, que reuniam devagar um exército em Dascilium.

## O TÚMULO DE AQUILES

A paisagem ao redor do exército macedônio lembrava cenas de antigas lendas e mitos. Nesse lugar, segundo Homero, os aqueus desembarcaram há quase mil anos para começar o cerco de dez anos a Troia, a fim de raptar Helena, a rainha de Esparta sequestrada. Alexandre sentiu que seguia os passos de seu herói Aquiles. Agora chegara o momento de homenageá-lo.

A esplêndida cidade de Troia com as "torres altíssimas" há muito tempo se transformara em um vilarejo decadente quando Alexandre a viu. Menoito, o timoneiro, o coroou com folhas de loureiro douradas ao entrar na cidade. Lá, tirou a roupa e correu com os amigos para o túmulo de Aquiles, onde colocou uma guirlanda. Hefestião também correu nu para o túmulo de Pátroclo. Essa foi uma declaração pública do relacionamento dos dois.

No altar de Zeus, Alexandre rezou para Príamo, o lendário rei de Troia, pedindo-lhe que não se zangasse com ele, um descendente de Aquiles, o grego que assassinara seu filho. Depois fez um sacrifício no templo de Atena, dedicando sua armadura à deusa. Por sua vez, retirou um escudo e armas supostamente da época

*Abaixo: Aquiles fazendo um curativo no ferimento de Pátroclo, uma cena inspirada na Ilíada. Alexandre acreditava que era a reencarnação de Aquiles, o herói supremo, e Hefestião o segundo Pátroclo.*

# O JOVEM ALEXANDRE

## O PROBLEMA DAS FONTES

Alexandre queixava-se de não ter um Homero para imortalizá-lo como Aquiles na *Ilíada*. Mas levou Calístenes, um parente de Aristóteles, como historiador oficial em sua campanha à Ásia. Calístenes vangloriava-se que imortalizaria Alexandre e, no início, o retratou de uma maneira subserviente. Porém Calístenes foi executado por conspirar contra o rei e sua história não sobreviveu. Nem a das outras três testemunhas: Ptolomeu, Nearco e Onesícrito.

Ptolomeu, um amigo de infância de Alexandre, foi um dos generais do exército macedônio e, mais tarde, fundou o reino ptolemaico no Egito. Escreveu com sabedoria e discernimento, mas sempre se descrevia de uma maneira elogiosa, e não poupava críticas aos rivais, como Pérdicas. Nearco, outro amigo de infância, e comandante de uma frota, perdeu toda a influência após a morte de Alexandre. Nearco escreveu mais a respeito da Índia e de suas viagens. Onesícrito, um filósofo, tentou retratar Alexandre como um filósofo guerreiro. Como previsível, essa tarefa exigiu uma distorção factual radical. As três histórias não se preservaram, assim como a história de Aristóbulo, outra testemunha. Aristóbulo, arquiteto de Alexandre, só escreveu sua história aos 80 anos.

Mais tarde, muitos historiadores escreveram sobre Alexandre, com destaque especial para a biografia escrita por Quinto Curtius Rufus, um romano do século I d.C. Plutarco e Arriano escreveram as biografias de Alexandre no século II d.C. durante o Império Romano. As duas obras preservaram-se. Plutarco escreveu uma biografia de Alexandre e de Júlio César em *Vidas paralelas*, com um enfoque tendencioso. Arriano, cônsul em Roma e general, baseou sua excelente história, o melhor relato antigo disponível, em Ptolomeu e Nearco. Arriano fez uma descrição favorável de Alexandre, sem exageros, mas escreveu quatrocentos anos após os acontecimentos da vida de Alexandre.

da guerra de Troia do templo. O escudo e as armas o acompanharam na viagem através da Ásia até a Índia. (No entanto, Alexandre, que sempre dormia com um exemplar da *Ilíada* embaixo do travesseiro, enfrentaria desafios muito maiores do que seu herói Aquiles.) Elaborou uma nova Constituição mais democrática para a cidade e a rebatizou de Alexandria Trôade, cidade que prosperou com esse nome nos séculos seguintes. Depois Alexandre seguiu em direção ao interior do país para lutar pela primeira vez com os persas.

*À direita: Uma moeda de 323 a.C. com a efígie da deusa Atena de Sícion, uma cidade grega da Liga de Corinto, cunhada no último ano do reinado de Alexandre.*

CAPÍTULO 3

# AS GRANDES VITÓRIAS
## 334-330 a.C.

Alexandre enfrentou o exército persa pela primeira vez em Grânico em maio de 334 a.C., como um jovem general desconhecido confrontado por um império poderoso. Três anos e meio depois, após derrotar o grande exército persa nas planícies do interior do império, foi saudado como o novo senhor da Ásia. Alexandre vencera as três mais importantes batalhas da história da humanidade, duas delas contra exércitos muito maiores do que o exército da Macedônia. Nesse ínterim, conquistou a cidade de Tiro, construída em uma pequena ilha rochosa, famosa por sua invencibilidade, depois de um longo e difícil cerco. Todas essas vitórias revelaram sua visão estratégica e gênio tático. Muitos sátrapas persas e generais aliaram-se aos macedônios, diante da nova realidade de poder, e Alexandre, por sua vez, nomeou nobres persas como administradores do novo império conquistado.

Entre essas batalhas aconteceu um dos episódios mais misteriosos na vida de um conquistador do mundo: a peregrinação de Alexandre ao santuário do deus egípcio Amon no deserto da Líbia. Não se sabe o que aprendeu no santuário da divindade, que os gregos identificavam com Zeus, mas, ao que tudo indica, o que o inspirou nesse santuário estimu-

*À esquerda: A batalha de Gaugamela, a vitória decisiva de Alexandre, pintada pelo artista do Renascimento Albrecht Altdorfer.*

lou suas iniciativas posteriores. Ainda no Egito, fundou a cidade de Alexandria na foz do Nilo, uma iniciativa que por si só o imortalizou. Ele era de fato o filho de um deus, como agora proclamava nas moedas e discursos.

# VITÓRIA EM GRÂNICO
## 334 a.C.

Os persas não conseguiram impedir que o exército macedônio invadisse a Ásia, provavelmente por causa da frota, enviada para reprimir uma revolta no Egito dois anos antes, ainda não ter voltado. No entanto, os persas sabiam que Alexandre planejara por muito tempo invadir a Pérsia, e a demora em reagir foi causada pelas divisões nos altos comandos regionais.

### AS DIVISÕES MILITARES

Mênnon, um general grego de Rodes, e Arsites, sátrapa da cidade costeira de Frígia, eram dois generais no comando do exército persa. Mênnon não era um *condottiere* casual (líder dos mercenários), porque vivia na Pérsia há 15 anos, casara com uma persa e expulsara os macedônios da Ásia no ano anterior, nem era um aristocrata persa, como outros generais. Muitos persas tinham grandes propriedades rurais na região invadida por Alexandre. Talvez por esse motivo, Mênnon tenha aconselhado os persas a recuarem e queimarem as terras para privar os soldados macedônios de alimentos. Com isso, os persas atrairiam as tropas de Alexandre para o interior da Ásia Menor, enquanto ameaçavam destruir suas comunicações.

*Acima: Nesta escultura atribuída a Lísipo, Alexandre, vibrante de entusiasmo à frente do campo de guerra, comanda a divisão de cavalaria na batalha de Grânico.*

*Abaixo: Os persas haviam se posicionado nas colinas íngremes à margem do Rio Grânico; por alguma razão, colocaram a divisão de cavalaria à frente dos soldados mercenários da unidade de infantaria. A ala esquerda do exército macedônio liderou o avanço das tropas antes de atravessarem o rio para atacar o flanco da cavalaria persa, enquanto a infantaria cruzava o rio um pouco mais abaixo.*

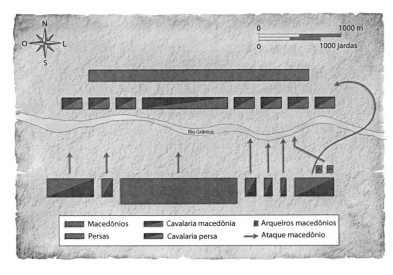

# AS GRANDES VITÓRIAS

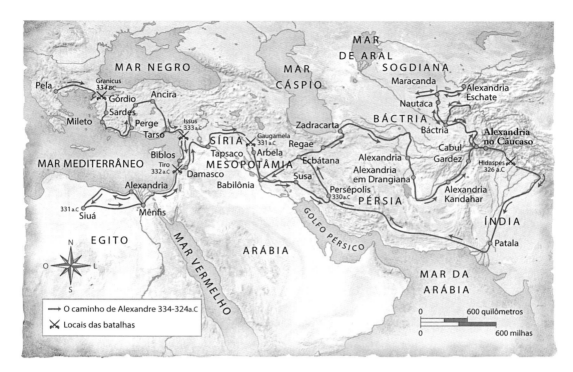

*Acima: As conquistas de Alexandre estenderam-se da região central da Grécia à Ásia e ao norte da Índia, regiões que os gregos só conheciam em lendas e boatos. Ao avançar em direção ao Oriente, Alexandre fundou diversas cidades para proteger suas conquistas. Muitas prosperaram nos séculos seguintes.*

Mas esse conselho foi rejeitado pelos outros generais. Além disso, Alexandre, apesar das vitórias recentes nos Bálcãs e em Tebas, ainda era um comandante pouco conhecido. Portanto, não havia razão para pensar que fosse invencível.

## A PREPARAÇÃO PARA O ATAQUE

Os comandantes persas reuniram suas tropas e decidiram enfrentar os invasores. As tropas consistiam em grande parte de soldados locais, embora incluíssem um regimento de cavalaria pesada da Capadócia na Anatólia central, com 15 mil soldados de cavalaria, além de cerca de 20 mil soldados de infantaria gregos. Os persas, que não eram tropas de elite, foram numericamente superados pelos macedônios, cujas forças totalizaram 50 mil soldados. Neste cenário de superioridade militar, os persas precisavam de uma boa posição estratégica para aumentar sua capacidade de ataque. Optaram pela posição à margem do Rio Grânico, um rio pequeno, mas com correntezas rápidas e margens íngremes.

O exército de Alexandre enfrentou os persas em uma tarde de maio, uma hora pouco usual para iniciar uma batalha. Parmênio, o antigo general de Filipe, aconselhou Alexandre que esperasse até o amanhecer para atacar, mas Alexandre retrucou que se sentiria envergonhado se, depois de atravessar o Helesponto, um mero riacho atrasasse a batalha. Decidiu, então, fazer um ataque repentino antes que os persas estivessem totalmente preparados. (Ou assim escreveu Arriano, a fonte mais confiável da biografia de Alexandre.) Parmênio comandou a ala leste do exército, enquanto Alexandre atacou o flanco direito do exército persa, com suas melhores tropas de cavalaria.

## A TÁTICA DE ALEXANDRE

Ao entrar no Grânico com as tropas em diagonal mais acima do rio do que o esperado pelo exército persa, Alexandre obrigou os persas a mudarem rapidamente de posição. Segundo Plutarco, Alexandre "avançou em meio a uma rajada de projéteis em direção à margem íngreme e bem defendida do rio, lutando contra a corrente que dificultava a marcha dos soldados, com os pés mergulhados na água. Sua atitude parecia imprudente, mas ele continuou... até alcançar a margem oposta enlameada, onde lutou corpo a corpo até a chegada das tropas de apoio... Os projéteis das armas dos persas dirigiram-se com um estrondo... em direção a Alexandre. Quando reconheceram o escudo e a pluma branca do capacete... os generais persas Rhoseaces e Sphridates o atacaram. Alexandre correu um grande risco de vida quando o capacete quebrou com o golpe de um machado empunhado por Sphridates, mas foi salvo por Clito, o Negro, que atravessou o corpo do general persa com a lança. Essa intervenção oportuna selou o destino da Ásia.

A cavalaria macedônia com as longas lanças de corniso maiores que as dos soldados persas logo derrotaram a cavalaria persa. Ao verem os generais mortos, as tropas persas fugiram; cerca de mil soldados persas morreram na batalha. Os mercenários gregos, que haviam permanecido na retaguarda, tentaram reagir. Mas, inferiores em número e cercados pelo exército da Macedônia, pouco depois se renderam, embora tenham ferido o cavalo de Alexandre.

## APÓS A BATALHA

"[Doadas por] Alexandre, filho de Filipe, e pelos gregos, exceto os espartanos, que [as capturaram] dos bárbaros que vivem na Ásia." Com essas palavras, Alexandre fez uma oferenda de trezentas armaduras capturadas dos persas derrotados à deusa Atena na Acrópole ateniense. Um número sugestivo, porque trezentos soldados de Esparta foram derrotados pela Pérsia na batalha de Termópilas em 480 a.C. Essa foi uma propaganda brilhante de seu sucesso. No entanto, Alexandre ignorou o fato de que a vitória em Grânico era resultado da eficiência e coragem dos *macedônios*, e enfatizou o papel insignificante dos gregos. Também brilhante foi a ênfase à ausência dos espartanos, os únicos gregos que não participavam como aliados pan-helênicos (apesar da relutância desses aliados) na Liga de Corinto. No entanto, o tratamento dispensado por Alexandre aos mercenários gregos foi menos inteligente. Ele os tratou como traidores da causa pan-helênica, assassinou muitos deles e enviou 2 mil mercenários para trabalhar como escravos na Macedônia. Esse trabalho escravo ajudou a economia da Macedônia, porém quando outros mercenários gregos souberam o que havia acontecido, decidiram lutar em vez de se renderem.

*Abaixo: A travessia do Rio Grânico por Alexandre, retratada pelo artista do século XVII, Charles Lebrun. Alexandre correu um sério risco de vida em sua primeira batalha contra a Pérsia.*

Alexandre visitou os soldados macedônios feridos, chamando muitos pelo nome e elogiou seus feitos. E homenageou como heróis os 25 soldados da tropa de elite da cavalaria mortos no campo de batalha. Lísipo, o escultor da corte, esculpiu estátuas de todos eles e suas famílias ficaram isentas do pagamento de impostos.

# A LIBERTAÇÃO DA JÔNIA
## 334-333 a.C.

Depois de Grânico, Alexandre proibiu que os soldados saqueassem as cidades conquistadas e seguiu para o interior em direção a Sardes, capital da Lídia. O governador persa se rendeu, entregou o tesouro da cidade e recebeu um cargo na administração macedônia. Alexandre prometeu restaurar os antigos costumes da Lídia, mas escolheu o irmão de Parmênio como governador. Alexandre preocupava-se com as cidades da costa da Grécia, e decidira libertá-las.

*Acima: Mileto, uma das cidades mais importantes da Jônia, e com grande capacidade de defesa, foi cercada pelas tropas de Alexandre depois de um breve combate.*

## O RETORNO DA DEMOCRACIA

As cidades da Jônia, umas das mais orgulhosas do mundo grego, estavam sob domínio direto ou indireto da Pérsia desde a paz de Antálcidas em 386 a.C. A Pérsia incentivava as oligarquias, por pensar que eram mais fáceis de lidar do que as democracias, mas essa posição resultou em tensões políticas crescentes entre os ricos e os pobres nas cidades. Esse descontentamento irrompeu com as notícias da vitória de Alexandre. Em Éfeso, uma das maiores cidades da Grécia, a junta a favor da Pérsia foi expulsa. Alexandre acolheu os democratas exilados, que começaram a vingar-se com violência até a proibição de Alexandre. Outras cidades lhe deram boas-vindas, à medida que "eliminava as oligarquias em diversos lugares, com a devolução de propriedades aos cidadãos e a isenção de impostos pagos aos bárbaros [persas]". Na verdade, com um tato autoritário, Alexandre pedia *syntaxeis* (contribuições) para seu empreendimento militar.

Alexandre incentivou a democracia na Jônia por razões essencialmente pragmáticas, mas em outros lugares preferiu formas diferentes de governo. Contudo, suas ações significaram uma verdadeira libertação, lembrada por muito tempo com gratidão nas cidades conquistadas. Cinquenta anos depois, um decreto da pequena cidade de Priene, reconstruída por ordem de Alexandre, declarou: "Não houve bênção maior para os gregos do que a liberdade". No entanto, ainda se discute se as cidades gregas no continente asiático foram incorporadas à Liga de Corinto. A região não helênica ao redor continuou sujeita a um domínio forte, com a simples substituição da Pérsia pela Macedônia como senhor supremo feudal.

*Acima: Sardes, a capital regional da Pérsia, rendeu-se a Alexandre, sem resistência do governador persa e com a entrega de seus tesouros. O governador foi recompensado com um cargo na administração de Alexandre.*

## A RENDIÇÃO EM MILETO

Em Mileto, com uma defesa vigorosa no promontório, as tropas resistiram apoiadas por uma grande frota persa, que se encontrava perto da cidade. Alexandre recusou-se a fazer uma batalha naval e partiu para um ataque rápido, abrindo caminho para entrar na cidade com as armas de cerco. As tropas que haviam nadado para uma minúscula ilha aceitaram felizes o oferecimento de clemência de Alexandre. Trezentos soldados alistaram-se no exército macedônio.

Inesperadamente, Alexandre dispersou a frota macedônia, com o argumento que conquistaria o mar por terra, em outras palavras, com a captura das bases persas na Ásia. Na realidade, ele não tinha condições de pagar os 32 mil tripulantes inativos dos 160 trirremes. Manteve apenas vinte navios atenienses, cujos tripulantes eram reféns de suas cidades.

## CERCO DE HALICARNASSO

Halicarnasso, cidade de origem grega e cária, localizava-se na extremidade ao sul da Jônia. A cidade tinha muralhas maciças que se erguiam em um semicírculo com uma cidadela rodeada pelo mar. Mêmnon, agora comandante da região meridional da Ásia e da frota persa, estava em Halicarnasso com vários mercenários gregos. Alexandre que seguia em direção à cidade pelas florestas no interior do país, foi abordado por Ada, a rainha viúva de Cária, em cuja família tentara entrar três anos antes. Não mais um adolescente nervoso, e sim um rei confiante, recebeu sua rendição, e ela reconquistou sua posição de rainha ao lado de um comandante macedônio. Em seguida, a rainha o adotou como filho e, assim, obteve o apoio dos cários. (Não se sabe o que Olímpia pensou dessa aliança.) Mas a conquista de Halicarnasso exigia força.

Depois de alguns conflitos e uma tentativa fracassada de capturar um porto próximo, os macedônios colocaram armas e soldados em muitos fossos da cidade. Alexandre atirou projéteis com as catapultas nas muralhas da cidade, destruindo-as em algumas partes. Mas a guarnição militar da cidade incendiou à noite diversas catapultas de madeira. Alguns soldados macedônios bêbados fizeram um ataque repentino e desastroso à cidade. Mêmnon liderou a ofensiva para repeli-los. Outra excursão das tropas de Halicarnasso três dias depois provocou pânico nos macedônios, até que um contra-ataque de Alexandre obrigou as forças de defesa a recuarem. A cidade fechou os portões cedo demais, perdeu muitas tropas, e Mêmnon deu ordens para se dirigirem ao castelo. Logo depois, partiu em um dos navios, embora o castelo tenha resistido durante um ano. Os dois meses de cerco haviam vencido a resistência da cidade mais pela força que por uma boa estratégia.

## O CORTE NO NÓ GÓRDIO

O outono chegara, em geral uma estação do ano para descansar e recuperar as forças, mas esses conceitos não faziam parte da mente de Alexandre. Depois de dar um período de férias aos soldados casados no inverno (uma medida popular, mas que aumentou a taxa de natalidade), Alexandre entrou na Lídia e em Panfília, onde pequenas cidades gregas estendiam-se nas áreas costeiras íngremes. Conquistou as cidades em seu papel de libertador pan-helênico, mas antes de seguir para o norte, castigou severamente Aspendos, uma das principais cidades, por tê-lo traído. Após se reunir com as tropas que voltavam para a Macedônia, invadiu região central da Anatólia.

Em Górdio, ele viu o nó górdio no antigo palácio dourado do rei Midas. Segundo a lenda, quem desatasse o nó dominaria a Ásia. Depois de várias tentativas fracassadas, Alexandre cortou o nó com a espada e, de certa forma, a profecia se cumpriu. Mas ao seguir para leste em meados de 333 a.C., deixou Mêmnon com uma enorme frota ainda ameaçando o exército na retaguarda.

*Acima: O leão de Dídimos, uma das cidades jônicas que prosperou de novo após a conquista de Alexandre, uma conquista que representou a liberdade para muitas cidades.*

*Abaixo: Templo de Atenas em Priene, cidade jônica reconstruída com a ajuda de Alexandre, quase se tornou uma perfeita pólis.*

# UMA BATALHA INESPERADA
## 333 a.C.

Quando Alexandre aproximou-se das Portas da Cilícia, um desfiladeiro nos montes Tauro, com uma defesa fraca, os persas fugiram. Haviam queimado os campos, de acordo com a ideia de Mêmnon de deixar terras devastadas para o inimigo, ou por pânico e, assim, os macedônios entraram na Cilícia sem enfrentar oposição. Nessa cidade, Alexandre ficou seriamente doente depois de banhar-se em um rio. Advertido por uma carta que seu médico grego, Filipe, tentava envená-lo, Alexandre mostrou a carta a Filipe, tomou o remédio que ele havia receitado e recuperou-se. Mas passara dois meses doente.

*Acima: Dario III, o último rei aquemênida, aterroriza-se ao ver as tropas de Alexandre marcharem em sua direção.*

## A NOVA ESTRATÉGIA DE DARIO

Nesse meio tempo, o cenário mudara completamente. Mêmnon, o general persa, morreu em junho de 333 a.C. na campanha do Mar Egeu. Com essa má notícia, Dario repensou a estratégia a ser adotada, decidiu então lutar ao lado dos soldados no campo de batalha, reuniu tropas e mudou-se para a Babilônia. A Pérsia tinha muitos soldados de cavalaria mesmo sem os cavaleiros das satrapias distantes, mas só tinha o regimento de infantaria pesada dos 10 mil Imortais e alguns jovens em treinamento. Assim, Dario recrutou os 15 mil hoplitas gregos que

*Abaixo: Em Isso, a superioridade numérica das tropas persas foi prejudicada pelo terreno estreito do local da batalha. Alexandre avançou com as tropas em diagonal em direção ao centro, o que abriu caminho para chegar à posição de Dario.*

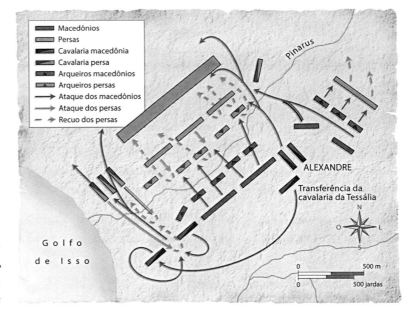

# AS GRANDES VITÓRIAS

*Acima: Depois da batalha, Alexandre e Hefestião visitaram as senhoras da corte persa, que lamentavam a morte do rei. A rainha-mãe prestou erroneamente homenagem a Hefestião como rei da Macedônia, um erro que Alexandre com muito tato desculpou. Cena do encontro retratada pelo pintor renascentista Veronese.*

lutavam sob o comando dos sucessores de Mêmnon. Quando as forças persas partiram da Babilônia em setembro, havia um total de cerca de 150 mil soldados, um número muito maior do que o Exército da Macedônia. Entretanto, poucos tinham alguma experiência militar e, às vezes, nenhuma vivência.

No final de setembro, Alexandre recuperou a saúde. Em razão de desconhecer os acontecimentos recentes, decidiu continuar a capturar navios persas nos portos. Parmênio seguiu à frente com o objetivo de conquistar os Portões da Síria, o desfiladeiro que atravessava as montanhas Amanus, enquanto Alexandre caçava e esperava os eventos no Mar Egeu. Neste momento, chegou a notícia surpreendente que o principal contingente do exército persa estava acampado além da Cordilheira Amanus. Alexandre precipitou-se com seu exército para leste.

Alexandre deixou os soldados doentes em Isso na curva do golfo, e continuou sua marcha em direção ao sul da costa, com a expectativa de alcançar os persas na retaguarda. Porém Dario, com uma ansiedade crescente, resolveu perseguir Alexandre. Seguiu em direção ao norte atrás das montanhas Amanus, enquanto Alexandre, sem perceber as intenções de Dario, marchou para o sul ao longo da costa. Quando os persas atravessaram a Cordilheira Amanus, interromperam a marcha de Alexandre. Os persas mutilaram e depois mataram os macedônios doentes em Isso, embora alguns tenham conseguido fugir para prevenir Alexandre. A situação de Alexandre era desesperadora.

---

### OS DESPOJOS DA VITÓRIA

Alexandre surpreendeu-se com o luxo das tendas da família real persa. Mesmo em campanha, Dario viajava em grande estilo. "Quando ele [Alexandre] viu os vasos, os jarros e as tinas de ouro delicadamente ornamentados em um aposento perfumado com incenso e especiarias, e entrou em uma tenda enorme e alta, com sofás e mesas de jantar, olhou para os companheiros e disse: 'Este é o luxo próprio de um rei.'"

## A BATALHA NA COSTA

Alexandre conduziu suas tropas exaustas durante a noite em direção ao norte até que os exércitos se encontraram entre o mar e as montanhas. Como sempre, Alexandre comandou a divisão da cavalaria à direita e Parmênio na ala à esquerda. Dario enviou tropas de infantaria ligeira para as montanhas. Alexandre reagiu com o ataque dos arqueiros. Em seguida, reforçou a ala esquerda na costa, mas diminuiu a força no centro. Dario comandava as tropas persas com os mercenários gregos. Os dois exércitos enfrentaram-se nas margens opostas do Rio Pinarus, inundado pelas cheias do outono. Em 1º de novembro de 333 a.C., ao meio-dia, Alexandre deu ordens para atacar o exército persa.

A cavalaria macedônia atravessou o rio à frente das tropas. A infantaria a seguiu mais devagar, com o grito assustador de guerra "ALALALAI"! O dois exércitos encontraram-se. No mesmo instante, a cavalaria macedônia atacou os soldados persas. Em seguida, Alexandre conduziu as tropas em diagonal em direção ao centro e, com uma manobra brilhante, obrigou a cavalaria persa a recuar. Continuou a avançar em direção a Dario, visível em sua carruagem. Parmênio rechaçou a cavalaria persa, mas no centro os mercenários gregos ameaçaram atacar a falange macedônia até Alexandre forçá-los a recuar. Ao ver Alexandre vindo em sua direção, Dario deu meia-volta com a carruagem e fugiu. Depois partiu a cavalo sem seu manto real. Alexandre o perseguiu até anoitecer, mas desistiu e voltou para o campo de batalha. Graças às táticas audaciosas da cavalaria, o exército vencera a batalha de Isso.

## DEPOIS DA BATALHA

Os persas sofreram grandes baixas, embora o número tradicional de 110 mil mortos seja um exagero. Centenas de soldados macedônios morreram e 4.500 ficaram feridos. Ao ouvir o choro de mulheres, Alexandre descobriu que eram mulheres da corte persa lamentando a morte do rei. Ele enviou uma mensagem de consolo e deu ordens para que fossem tratadas como uma família real. Quando se encontraram no dia seguinte, a rainha-mãe prestou homenagem a Hefestião, um homem mais alto que Alexandre, que julgou ser o rei da Macedônia. Quando percebeu seu erro, ficou mortificada, mas Alexandre disse gentilmente: "Não te preocupes rainha-mãe, não cometestes nenhum erro. Ele também é Alexandre".

Alexandre reencontrou Barsine, a quem havia conhecido em Pela. Barsine tornou-se sua amante e deu à luz a um filho, um vínculo útil entre o Oriente e o Ocidente. Alexandre visitou os soldados feridos cumprimentando todos que vira no campo de batalha e organizou um funeral magnífico para os soldados mortos. E fundou a cidade de Alexandria, atual Alexandreta, no campo de batalha.

*Abaixo: A ação da cavalaria foi decisiva na batalha de Isso. Esta ilustração mostra o quadro pintado em 1602 por Jan Brueghel das cenas dramáticas do combate.*

## AS GRANDES VITÓRIAS

# O CERCO DE TIRO 332 a.C.

Depois de enviar Parmênio para Damasco com a incumbência de confiscar o cofre persa com 2.600 talentos, Alexandre seguiu para o sul em direção às cidades da Fenícia. A Fenícia e Chipre forneciam navios para os persas, apesar da relação tensa com o Império Persa. A cidade de Sídon, onde uma revolta fora reprimida com brutalidade há 12 anos pelos persas, recebeu Alexandre sem opor resistência, assim como Biblos. Tiro, a cidade fenícia mais poderosa, pediu que Alexandre fizesse um sacrifício em homenagem a Héracles, o deus patrono da cidade, na antiga cidade de Tiro no continente, mas não permitiu a entrada dos macedônios e dos persas na ilha. Alexandre, que não podia deixar de conquistar uma grande potência naval neutra (como disse ao exército), decidiu conquistá-la. No entanto, essa conquista não foi tão fácil como imaginara.

*Abaixo: Uma cena da batalha esculpida em baixo-relevo no sarcófago de Sídon. Sídon, uma cidade vizinha e rival de Tiro, apoiou Alexandre.*

*Acima: O cerco de Tiro em 332 a.C. retratado em uma miniatura medieval.*

## A CONSTRUÇÃO DE UM QUEBRA-MAR

A ilha de Tiro, cercada por uma muralha de 4,8 quilômetros de circunferência, era considerada inexpugnável e, certa vez, resistiu ao cerco de um rei da Babilônia durante 13 anos. A ilha situava-se a 800 metros de distância do continente e o mar tinha 180 metros de profundidade. As muralhas elevavam-se a 45 metros de altura, e a cidade tinha uma frota podero-

sa. Além da inexistência de navios, as catapultas de torção do exército macedônio tinham um alcance de apenas 270 metros. Mas em janeiro de 332 a.C. Alexandre começou a construir um quebra-mar, ou um molhe, nas ruínas da antiga Tiro, para que as catapultas e as torres de cerco atingissem a cidade. Assim, começou o cerco prolongado de sete meses.

No início tudo correu bem, mas quando o quebra-mar atingiu uma profundidade maior, ficou ao alcance dos projéteis das catapultas tirenses. Os tirenses também reagiram com o envio de trirremes das duas baías para atacar os macedônios com tiros de flechas. Alexandre deu ordens para protegê-los com as torres de cerco. Em resposta, os tirenses construíram em segredo um enorme brulote e quando soprou um vento favorável, colocaram o brulote na água. Com o impacto, o material inflamável explodiu e destruiu as torres e as catapultas que estavam no molhe. Sem se intimidar, Alexandre mandou reconstruir o quebra-mar, dessa vez mais largo para instalar uma quantidade maior de catapultas e torres. Em seguida, partiu em direção a Sídon, ao norte, onde recebeu ótimas notícias.

Os navios de Sídon e das cidades vizinhas haviam voltado depois de desertar do exército persa. Com cem navios, mais os 120 de Chipre e nove de Rodes, Alexandre conseguira a importante supremacia marítima para conquistar Tiro. No entanto, os planos de atacar a frota de Tiro fracassaram, porque os tirenses bloquearam as baías. Por sua vez, os fenícios construíram aríetes flutuantes protegidos por tetos à prova de fogo e atacaram as muralhas mais frágeis na lateral do mar.

Enquanto isso, os engenheiros de Alexandre reconstruíram o quebra-mar em um ângulo do vento predominante. Depois embarcaram as torres de cerco mais altas jamais vistas: vinte andares, com aríetes e catapultas nos andares superiores. Logo depois, Tiro ficou cercada por todos os lados.

## A LONGA RESISTÊNCIA DE TIRO

Os tirenses ainda resistiam ao cerco de Alexandre, com todos os recursos possíveis. Eles acolchoaram as muralhas com peles cheias de algas dos parapeitos das ameias, para protegê-las dos projéteis. Jogaram pedras nos navios inimigos, enviaram mergulhadores para cortar os cabos que prendiam os navios macedônios ao ancoradouro. Depois dessa experiência, os macedônios começaram a usar correntes grossas para prender os navios. Em seguida, cortaram as cordas que prendiam os aríetes e jogaram areia quente nos soldados, que ao entrar nas armaduras provocou um grande sofrimento. Em junho, diante

*Abaixo: A cidade de Tiro foi totalmente destruída. Alexandre a reconstruiu como uma cidade grega, que prosperou durante o Império Romano, como comprovado pelas ruínas do período romano.*

## AS GRANDES VITÓRIAS

da ameaça de um cerco interminável, algumas pessoas aconselharam Alexandre a propor uma trégua. Mas a conquista de Tiro não era mais tão importante, depois que os navios aliados juntaram-se às tropas macedônias. Alexandre recebeu uma carta de Dario oferecendo-lhe as terras a oeste do Rio Eufrates, sua filha em casamento e 10 mil talentos se renunciasse à conquista de Tiro. Parmênio insistiu que Alexandre deveria aceitar a proposta, mas ele recusou. Queria conquistar o império inteiro e não pouparia Tiro.

## O ÚLTIMO ATAQUE VIOLENTO

Ao meio-dia de uma manhã quente de julho, quando os sitiadores estavam almoçando ou cochilando, os melhores navios de Tiro atacaram a frota cipriota e afundaram cinco galés. Alexandre interrompeu o almoço para comandar um contra-ataque e afundou todos os navios tirenses. Agora, os alimentos escasseavam na cidade e Tiro não tinha aliados. Alexandre atacou a cidade por todos os lados. Os navios atacaram as muralhas laterais do mar, enquanto as torres de cerco e as catapultas atiravam projéteis ao lado do quebra-mar. As defesas tirenses não resistiram a essa ofensiva violenta, e as tropas macedônias entraram na cidade em agosto. Alexandre conquistara o mar a partir da terra.

O exército de Alexandre matou 8 mil tirenses e crucificou 2 mil. O resto dos habitantes da cidade foi vendido como escravos, o destino habitual. Embora a cidade de Tiro tenha sido rebatizada com um nome grego e de Alexandre ter dotado a cidade com uma Constituição nos moldes gregos, Tiro nunca recuperou sua supremacia.

À medida que Alexandre avançava em direção ao Egito, só Gaza, uma antiga fortaleza na Palestina, recusou a se render. Seu cerco demorou dois longos meses nos quais Alexandre foi ferido duas vezes. Quando conquistou Gaza, Alexandre arrastou o comandante do forte, Batis, atrás de sua carruagem, até ele morrer em extremo sofrimento. (Na *Ilíada,* Aquiles arrasta do mesmo modo Heitor ao redor de Troia, embora o príncipe troiano já estivesse morto. Uma crueldade gratuita.)

*Abaixo: A ilha de Tiro com suas muralhas maciças era considerada inexpugnável. Alexandre derrubou o mito, mas a conquista da cidade lhe custou sete meses de cerco e testou ao limite seu gênio militar.*

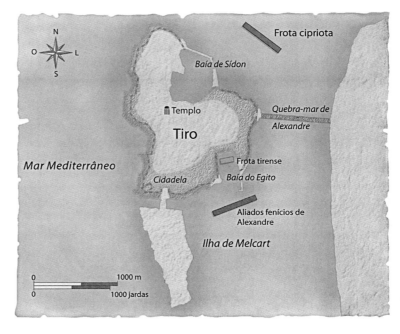

# EGITO: A FUNDAÇÃO DE ALEXANDRIA
## 332-331 a.C.

Na opinião dos egípcios, os gregos foram comerciantes, mercenários e colonizadores (como em Náucratis no delta do Nilo) durante mais de dois séculos. O Egito havia recebido a visita de alguns turistas gregos, entre eles Heródoto, o curioso historiador e viajante incansável do século V a.C.

### O PÉSSIMO GOVERNO PERSA

Durante 130 anos, o Egito rebelou-se contra o domínio da Pérsia e manteve-se independente por mais de 60 anos no século IV a.C. (Seus costumes e religião, que despertaram a curiosidade dos gregos, irritaram os persas zoroastristas, essencialmente monoteístas.) Os persas tinham em geral um comportamento frio e indiferente, ou às vezes ofensivo em relação aos poderosos sacerdotes egípcios e aos devotos *fellahin* (camponeses), que constituíam a base de uma sociedade com uma hierarquia rígida. Mas às vezes eram deliberadamente insultuosos.

"No Egito", observou Platão, "os reis não têm condições de reinar sem o apoio dos sacerdotes". Os soldados persas tinham o hábito de assar e comer o touro sagrado Ápis e o substituíam pelo jumento, um animal que os egípcios detestavam. No entanto, muitos templos egípcios

*Acima: Cena em baixo-relevo de um templo, na qual Alexandre, depois de coroado faraó pelos sacerdotes egípcios, é recebido por Amon Rá, o rei dos deuses na mitologia egípcia.*

*Abaixo: Vista do século XIX da grande Baía de Alexandria com as ruínas do farol, uma das Sete Maravilhas do Mundo. Durante mil anos após sua fundação, em 331 a.C., Alexandria foi uma das maiores cidades do mundo.*

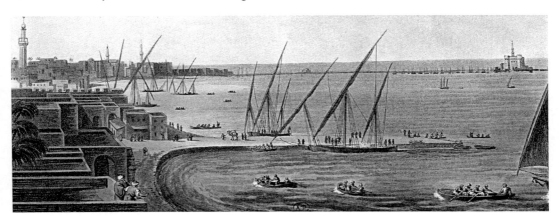

## A PEDRA DE ROSETA

A Pedra de Roseta é um fragmento de uma estela de granodiorito, cujo texto foi crucial para a compreensão moderna da história do Egito Antigo durante o domínio dos faraós e da dinastia ptolemaica. A estela registra um decreto promulgado em 196 a.C. por Ptolomeu V (descendente do general Ptolomeu I, que lutou no exército de Alexandre) em três parágrafos com o mesmo texto: o superior escrito na forma hieroglífica do egípcio antigo compreendida apenas pelos sacerdotes; o trecho do meio em demótico, uma variante escrita do egípcio tardio falada pelos egípcios nativos; e o inferior em grego antigo, a língua falada em Alexandria e no governo.

Ptolomeu V, que enfrentava problemas em consequência de derrotas militares e revoltas de camponeses, registrou o decreto nas três línguas para afirmar que era o único faraó verdadeiro. A estela foi encontrada na cidade de Roseta durante a ocupação francesa do Egito no reinado de Napoleão, em 1799. A pedra foi levada para Londres depois que os ingleses expulsaram os franceses do Egito. Os franceses haviam feito cópias da inscrição e após 1815 os dois países rivalizaram-se na decodificação dos textos. Por fim, entre 1822 e 1824 o brilhante egiptólogo francês Jean-François Champollion decifrou os textos egípcios.

*Abaixo: O fragmento da estela de granodiorito com uma inscrição trilíngue encontrada na cidade de Roseta. O texto egípcio foi decifrado pelo egiptólogo Champollion em 1824.*

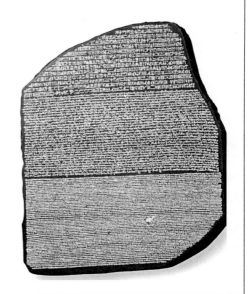

conservaram suas propriedades durante o governo da Pérsia.

Quando Alexandre atravessou o deserto em 332 a.C., o governador persa do forte na fronteira em Pelúsio abriu os portões para recebê-lo. Depois, Alexandre seguiu para Mênfis pelo Nilo sem encontrar resistência. Foi recebido com entusiasmo pelo povo e os sacerdotes na antiga capital e hospedou-se no palácio dos faraós. Alexandre fez um sacrifício em homenagem aos deuses, em especial a Ápis, e foi coroado faraó, como comprovam as inscrições nos templos. Como faraó, ele era filho de Horus, o filho divino do deus do Sol Rá, além de filho de Amon, o criador do universo. Esses títulos o impressionaram muito mais do que os companheiros poderiam supor.

## A ESCOLHA DO LOCAL

Alexandre organizou competições esportivas nas quais participaram "os mais famosos atletas de toda a Grécia", segundo Arriano, depois navegou pelo afluente ocidental do Nilo e ao redor do lago Mareotis até chegar ao mar. O lugar o surpreendeu pela "beleza e ficou convencido que uma cidade construída em um local tão magnífico, sem dúvida, prosperaria. Entusiasmado, supervisionou o projeto arquitetônico da nova cidade, e indicou os locais para a construção da praça do mercado e dos templos, que homenageariam os deuses gregos e a deusa egípcia Ísis, e a exata medida de suas paredes". (Citação de Arriano.) Alexandre jogou grãos de cevada, que encontrou nos sacos de provisões dos soldados, para marcar os limites das muralhas da cidade, um presságio que, de acordo com o profeta Aristandro, significou que a cidade usufruiria dos frutos da terra.

## A MAIOR CIDADE DO MEDITERRÂNEO

O entreposto comercial da ilha de Faros era muito antigo e, segundo a lenda, os enamorados Helena e Páris, o príncipe de Troia, refugiaram-se na ilha depois de fugirem de Esparta. A ilha de Faros protegia a baía dos ventos do norte, que esfriavam a cidade no verão e, mais tarde, ficou famosa com a construção de um enorme farol. Alexandria logo se tornou a maior cidade do Mediterrâneo, uma metrópole comercial célebre pelo luxo, cultura e pela maior biblioteca do mundo.

Alexandre não poderia ter previsto esse futuro tão grandioso, mas, com certeza, pensou que a cidade deveria ser a nova capital do Egito, em um local estratégico para receber os grãos e outros produtos transportados pelo Nilo, e em frente à Grécia. Alexandre colonizou a nova cidade com soldados veteranos macedônios, gregos, prisioneiros de guerra e judeus. Mais tarde, quando a cidade foi governada pela dinastia ptolemaica e pelos romanos, Alexandria não tinha um conselho municipal nem uma assembleia, apesar da existência dessas instituições à época da fundação nos moldes de uma pólis grega, como idealizada por seu fundador. Alexandria, apesar de muitas dificuldades, prosperou até a conquista dos árabes quase um milênio depois.

*Abaixo: Alexandre navegou pelo Nilo em direção a Mênfis, a antiga capital do Egito, sem encontrar resistência. Ele foi bem recebido pelos egípcios, que não gostavam dos persas.*

## EGITO: A PEREGRINAÇÃO AO OÁSIS DE SIUÁ

## 331 a.C.

É possível que o episódio mais misterioso na vida de Alexandre tenha se originado de um simples desejo de explorar a fronteira ocidental do Egito, sua mais nova conquista. Em 331 a.C., Alexandre seguiu com um pequeno grupo ao longo da margem a oeste do Nilo, depois virou ao sul em direção ao oásis de Siuá a 320 quilômetros no interior do país, onde havia um famoso santuário. Siuá era venerado há muito tempo pelos cidadãos da Cirenaica, a maior cidade grega na Líbia. Os cireneus cultuavam o deus Amon com cabeça de carneiro como Zeus. (Os gregos politeístas com frequência identificavam as divindades de outros povos com os seus deuses.) Por intermédio da influência de Cirenaica, a fama de Siuá difundiu-se na Grécia, onde era visto como uma versão africana do oráculo de Delfos. Mas Siuá, embora visitado por alguns gregos, mantinha sua aura misteriosa.

### MOTIVOS DESCONHECIDOS

Os verdadeiros motivos da peregrinação de Alexandre ao Oásis de Siuá, enquanto Dario reunia devagar o grande exército persa além do Eufrates, são discutíveis. Segundo algumas pessoas, a peregrinação pelo deserto revelou a crença mística em seu destino; outros veem como uma tentativa de afirmar sua posição perante os novos súditos, os egípcios e outros povos. Para Calístenes, o historiador oficial, Alexandre visitara Siuá em razão de sua "sede por glória e por que Héracles e Perseu haviam feito essa peregrinação". Os dois heróis rivais que Alexandre sempre tentava suplantar.

*Acima: O templo de Horus em Edfu foi construído no reinado da dinastia ptolemaica, os reis helênicos que sucederam Alexandre. É o templo mais bem preservado de todos os templos egípcios.*

### GUIAS SAGRADOS

Montados em camelos, o grupo partiu da costa da cidade de Paretônio em direção ao deserto de areia. Depois de quatro dias de viagem, a água quase terminara, mas tiveram sorte de encher os cantis com a água da chuva.

A partir desse dia, começaram a viajar à noite, para evitar o calor de uma paisagem descrita mais tarde pelo viajante vitoriano Bayle St. John: "Assim como o deus Érebo, a personificação da escuridão profunda, o deserto escuro estendia-se à frente; à direita via-se uma enorme pilha de rochas, que pareciam ruínas de uma cidade fantástica... Os portões ladeados por pilastras gigantescas; as torres, as pirâmides, os crescentes, os símbolo dos mulçumanos, as cúpulas, os pináculos e as fortificações com ameias majestosas davam a sensação de uma grandeza etérea à luz mágica da Lua".

*Acima: O templo de Amon no Oásis de Siuá, local do misterioso santuário que Alexandre visitou em 331 a.C.*

Como previsível, o grupo de Alexandre se perdeu, até que na versão de Ptolomeu, duas serpentes sagradas surgiram para guiá-lo através do desfiladeiro do Corvo e até o primeiro oásis. Mais além em um deserto de sal branco brilhante via-se Siuá, com as palmeiras verdes e as árvores frutíferas luxuriantes.

## A RESPOSTA DO ORÁCULO

O sacerdote principal saiu do templo e convidou Alexandre para visitar o santuário. Pediu apenas que trocasse suas roupas sujas de viagem, como faziam os demais suplicantes. O som das vozes no recesso pouco iluminado do templo era

*Abaixo: No distante, mas famoso santuário de Amon, o deus egípcio que os gregos identificavam com Zeus, Alexandre ouviu diversas vezes que era filho de Zeus, uma resposta que "lhe agradou muito".*

quase inaudível para os macedônios que haviam ficado no pátio externo, com exceção de Calístenes, que descreveu o que acontecera: "Os oráculos não falavam como em Delfos e Mileto, e sim se comunicavam com gestos e acenos, assim como em Homero [Zeus] se comunicava com sinais de suas sobrancelhas escuras. O profeta respondeu em nome de Zeus e disse ao rei que ele era filho de Zeus".

Alexandre só comentou que gostara do resultado.

Ao voltar sem problemas para Mênfis, Alexandre dividiu a administração do governo egípcio entre civis e soldados, uma organização inteligente, que mais tarde repetiu em outros lugares. Depois seguiu em direção ao Norte, e reuniu as tropas em Tiro para o encontro decisivo com o grande exército de Dario.

---

### ALEXANDRE, O DEUS

"Zeus é o pai de todos os homens, mas privilegia alguns filhos", disse Alexandre. Para os gregos, não havia uma divisão nítida entre os deuses e os homens, em um mundo povoado por deuses. Os reis de Esparta e da Macedônia diziam ser descendentes de Héracles, o herói mítico que se transformou em deus. Lisandro, o general de Esparta que derrotou Atenas em 404 a.C., foi saudado como uma divindade pelos oligarcas agradecidos. Filipe II foi retratado mais tarde como um deus olímpico em algumas moedas e estátuas. Depois da peregrinação a Siuá, Alexandre passou a dizer que Zeus era seu pai, em uma alusão ao seu próprio caráter divino. (Para Alexandre, Amon era um Zeus universal, e não uma divindade local.) Uma identificação que causou problemas no futuro. Certa vez, Alexandre sugeriu aos macedônios que lhe prestassem a mesma homenagem que os persas faziam ao grande rei, a *proskynesis*. Mas os persas eram monoteístas e nunca *veneraram* o monarca. Alexandre não insistiu mais na homenagem.

Por fim, em 324 a.C., Alexandre no auge do poder deu ordens para ser deificado. A ordem provocou reações divergentes. As cidades jônicas, que já cultuavam Alexandre, obedeceram felizes; os espartanos deram uma resposta lacônica: "Alexandre pode se chamar de deus se quiser." É provável que a resposta de Demóstenes tenha refletido a opinião dos atenienses ao dizer, "Alexandre pode ser filho de Zeus, ou de Posêidon, como queira". Após sua morte, Alexandre foi retratado como uma divindade com os chifres de Amon, e muitos dos seus sucessores reivindicavam atributos divinos.

*À direita: Retrato de Alexandre com os chifres de Amon, o deus egípcio de quem dizia ser filho, em uma moeda cunhada por Ptolomeu I (rei do Egito de 323-284 a.C.)*

# A GRANDE VITÓRIA: GAUGAMELA 331 a.C.

Alexandre passou o verão em Tiro à espera de notícias dos persas. Por fim, soube que Dario reunira o grande exército persa na Babilônia. Não queria travar outra batalha inacabada como em Isso. Precisava derrotar fragorosamente os persas. No entanto, a Babilônia estava a 1.120 quilômetros de distância da região do Mediterrâneo, um lugar que Alexandre desconhecia. Em julho, Hefestião partiu para o Norte em direção ao Rio Eufrates com algumas tropas, onde encontrou um exército de 3 mil soldados, a maioria de mercenários gregos sob o comando de Mazaios, um sátrapa persa da Síria. Durante algumas semanas, os dois exércitos não fizeram nenhum movimento, com exceção talvez de trocas de mensagens secretas. Quando Alexandre se aproximou com 47 mil soldados fortemente armados, Mazaios recuou, mas queimou o vale fértil do Eufrates. Alexandre seguiu então um caminho ao Norte em direção ao Rio Tigre, um rio caudaloso difícil de atravessar, sobretudo, se estivesse bem defendido.

## O LOCAL DA BATALHA

Curiosamente, o exército macedônio não encontrou resistência ao atravessar com a divisão da cavalaria a montante do rio, com o objetivo de proteger a infantaria. A área ao redor não tinha sido devastada pelas tropas de Mazaios. É possível que Dario quisesse atrair os macedônios para um campo de batalha maior, como a planície de Gaugamela. Em 20 de setembro, houve um eclipse da Lua. Alexandre ofereceu um sacrifício ao Sol, à Lua e à Terra, revelando o conhecimento de astronomia, que aprendera com Aristóteles e com a religiosidade grega. Aristandro, seu profeta, interpretou favoravelmente o presságio. Em seguida, Alexandre soube que Dario acampara com suas tropas "bem mais numerosas do que na batalha de Isso", em um local próximo. Alexandre ignorou os conselhos de atacar o exército de Dario à noite, uma manobra sempre mais arriscada, e aguardou o momento propício para iniciar a batalha, enquanto avaliava o exército inimigo.

*Acima: Os tetradracmas indogregos e os estáteres de ouro e prata cunhadas pelos reis da Báctria, com a imagem de Alexandre, o Grande.*

*Abaixo: O Azara Herm, cópia romana do busto de Alexandre, feito pelo escultor grego Lísipro, com o grande conquistador sempre em posição defensiva e com o olhar desafiador. Alexandre preocupava-se com o impacto da divulgação de sua imagem.*

Dario reunira o maior exército que o Império Persa poderia alimentar, com cerca de 250 mil soldados, um número bem superior ao do exército macedônio e, portanto, com muito mais chances de vencer a batalha. Além dis-

## AS GRANDES VITÓRIAS

*Acima: O arquétipo da imagem de Alexandre no campo de batalha, com os olhos enormes e os cabelos despenteados pelo vento.*

so, a divisão de cavalaria tinha cerca de 40 mil cavaleiros, comparados ao regimento de Alexandre de apenas 7 mil. A infantaria pesada era o único ponto fraco do exército persa, em razão da ausência de recrutas gregos. Os persas haviam eliminado os obstáculos no campo de batalha para facilitar o movimento das carruagens e colocaram estacas para proteger os flancos das tropas. Ao ver a preparação das tropas persas para o combate iminente, Alexandre, deixou que o momento de tensão se prolongasse por duas noites. Ao meio-dia do dia 1º de outubro de 331 a.C., a batalha pela conquista da Ásia começou.

## OS EXÉRCITOS ADVERSÁRIOS

A cavalaria excepcional dos soldados da Báctria e da Cítia, comandada pelo sátrapa Besso, defendia o flanco à esquerda das tropas persas. Mazaios comandava a cavalaria à direita. No centro as tropas de Dario avançavam, protegidas por 15 elefantes indianos, cujo cheiro assustava os cavalos do exército macedônio, 6 mil hoplitas gregos, a divisão de infantaria persa e duzentas carruagens citas. Em tese, as forças persas poderiam atacar os macedônios em ambos os flancos.

Alexandre avançou com o exército em uma posição diagonal às tropas persas, com os 10 mil soldados da infantaria pesada armados com sarissas no centro. O flanco à direita estava protegido pelos 3 mil soldados armados com lanças e escudos, em conjunto com a cavalaria dos Companheiros comandada por Alexandre. Mais à frente, avançavam 2 mil arqueiros, fundeiros e arremessadores de dardos. No flanco esquerdo, Parmênio comandava os cavaleiros da Tessália e o restante da cavalaria macedônia, que protegiam as tropas que seguiam um

*Abaixo: A batalha de Gaugamela pintada pelo artista francês do século XVII, Lebrun. A vitória dos macedônios nessa importante batalha definiu o destino de metade da Ásia.*

caminho em diagonal. A divisão comandada por Alexandre deparou-se com as tropas de Dario no centro do campo de batalha. Para enfrentar os ataques nos flancos, Alexandre deu ordens para que a infantaria formasse um quadrado, uma manobra que exigia uma disciplina perfeita. Os soldados mercenários da infantaria escondiam-se em cada extremidade das divisões de cavalaria, uma tática recomendada pela primeira vez por Xenofontes.

Alexandre começou a batalha conduzindo suas tropas para o flanco à direita do exército persa, seguido pelos soldados de Parmênio. Essa ofensiva afastou as tropas persas dos elefantes e das linhas de defesa. Os soldados bactrianos reagiram ao ataque dos macedônios, mas as divisões da cavalaria e da infantaria dispersaram as forças bactrianas. Por sua vez, os arqueiros atacaram as carruagens, que tentaram reagir enquanto os soldados de infantaria abriam caminho entre elas.

## A FUGA DO REI

Como era a intenção de Alexandre, à medida que a batalha prosseguia, o exército persa abriu um espaço no centro da concentração das tropas. Com isso, Alexandre comandou as tropas dos Companheiros em um ataque direto ao grande rei. Os soldados armados com lanças e escudos as seguiam. Dario, ao ver mais uma vez seu adversário temível montado em seu garanhão negro, fugiu como na primeira vez. Mas, segundo outras versões, Alexandre chegou tão próximo ao rei que poderia tê-lo matado. Nesse ínterim, a cavalaria persa comandada por Mazaios derrotou as forças de Parmênio e entrou no campo de batalha do exército macedônio. Lá, encontraram a rainha-mãe, que observava o avanço dos persas em um silêncio imóvel. E assim permaneceu até que os persas recuaram. Outros espaços abriram-se em meio ao exército macedônio, mas as tropas reagiram em uma formação semicircular. As notícias da fuga do rei desmoralizaram o exército persa. E Mazaios voltou com sua divisão de cavalaria para a Babilônia.

A batalha foi uma conquista de apenas 3 mil soldados dos Companheiros, com o apoio de 8 mil soldados da guarda especial sob a liderança visionária de Alexandre. Apesar da tentativa de perseguir Dario, os soldados que recuavam, a poeira no caminho e a escuridão do início da noite impediram que Alexandre continuasse a persegui-lo. Dario trocou a carruagem por um cavalo e fugiu pelas montanhas em direção à Média. Alexandre foi saudado como o senhor da Ásia no campo de batalha.

*Abaixo: Com o número de soldados bem inferior às tropas persas em Gaugamela, Alexandre avançou em diagonal para o flanco direito e atacou o centro das tropas persas. A formação triangular da cavalaria atravessou as tropas persas, e Dario fugiu em um pânico contagioso.*

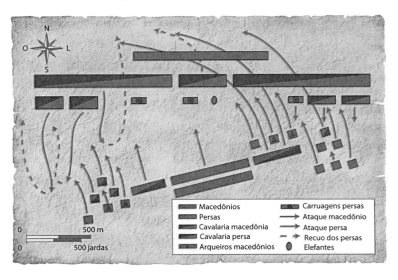

# NA BABILÔNIA
## 331 a.C.

Quando Alexandre chegou a Arbela, a 112 quilômetros de distância, percebeu que Dario desaparecera nas montanhas da Média (atual Curdistão) e desistiu de persegui-lo. Depois de enterrar os soldados mortos (apesar do número maior de baixas no exército persa, as tropas macedônias também sofreram perdas expressivas. Hefestião foi ferido), Alexandre partiu do campo de batalha.

Ao sul situava-se a Babilônia, a maior metrópole da Ásia, que "suplantava em esplendor qualquer cidade do mundo conhecido", como escreveu Heródoto 150 anos antes. Além de uma grande cidade comercial, a Babilônia também era um centro religioso importante. Os sacerdotes caldeus eram excelentes matemáticos, astrônomos e astrólogos. Segundo Heródoto, as muralhas de tijolos que protegiam a cidade tinham 60 metros de altura e eram largas o suficiente para que duas carruagens as atravessassem lado a lado. Cercadas por fossos profundos, as muralhas rivalizavam com as de Tiro.

*Acima: Pintura medieval francesa dos babilônios oferecendo as chaves da cidade a Alexandre.*

*Abaixo: Alexandre entrou triunfante na Babilônia, recebido pelos cidadãos, como o libertador do governo persa opressivo e desrespeitoso. Quadro do pintor do século XVIII Gasparo Diziano.*

### A ACOLHIDA A ALEXANDRE

Não houve cerco à Babilônia. Quando os macedônios aproximaram-se com cautela da cidade, os portões abriram e o general per-

sa Mazaios a cavalo acompanhado dos filhos recebeu Alexandre. Atrás dele os sacerdotes babilônios cantavam e dançavam, e os magistrados ofereceram presentes em sinal de rendição. Alexandre entrou triunfante nas avenidas retas da cidade em uma carruagem especial e seguiu em direção ao palácio do rei, um complexo com seiscentos aposentos. A acolhida da elite babilônia tinha um caráter político, além de uma receptividade sincera.

## O PÉSSIMO GOVERNO PERSA

Assim como no Egito, a Babilônia e seus habitantes sofreram maus-tratos frequentes dos persas. Enquanto Ciro, o primeiro governante persa, sempre respeitou com extremo cuidado os costumes e as divindades babilônios, os reis posteriores, como Xerxes, desprezaram a cidade, tiraram sua dignidade de satrapia depois de uma rebelião e saquearam os tesouros dos templos. O governo persa usurpou a riqueza da Babilônia e dispôs sem escrúpulos da população (os governantes enviavam quinhentos eunucos e mil talentos de prata todos os anos para a corte persa). Muitas propriedades rurais foram cedidas aos nobres persas, enquanto o sistema de irrigação agrícola, tão importante para fertilizar as terras, foi tratado com negligência.

### OS JARDINS SUSPENSOS DA BABILÔNIA

Os Jardins Suspensos da Babilônia, uma das Sete Maravilhas do Mundo Antigo, refletiam a riqueza e a criatividade dos babilônios. Os jardins foram construídos pelo rei Nabucodonosor II para a esposa Amitis, filha do rei dos medas, que sentia saudades das montanhas verdejantes de seu país natal. A Babilônia tinha muitos zigurates, monumentos característicos da arquitetura religiosa mesopotâmica, e outras edificações em geral com paredes de 25 metros de espessura, a maioria datada do período do reinado de Nabucodonosor II.

Os arqueólogos ainda não chegaram a uma conclusão do local preciso dos jardins, em meio às ruínas da Babilônia, descrito por escritores como Strabo e Diodoro Sículo no século I a.C. Diodoro escreveu: "Na subida de uma colina íngreme surge uma série de vestígios da estrutura dos jardins em parte encoberta pela terra e por árvores de todos os tipos, que, pelo tamanho e beleza, fascina os espectadores. As máquinas de irrigação, escondidas da visão dos visitantes, retiram uma quantidade abundante de água do rio para irrigar a vegetação". É evidente que os babilônios tinham bombas para puxar água do Rio Eufrates e que os tijolos usados nas construções eram à prova d'água. Um erro de tradução causou confusão na descrição dos jardins: a palavra grega *kremastos* significa *suspenso*, e não pendurado. As trepadeiras e os galhos das árvores caíam pelas muralhas desse jardim magnífico.

*Abaixo: Os Jardins Suspensos da Babilônia, uma das Sete Maravilhas do Mundo Antigo, retratados em uma ilustração do século XIX.*

## TEMPLOS E PROSTÍBULOS

Preocupado em prestar homenagem aos deuses locais, Alexandre fez um sacrifício no templo de Bel-Marduk, o deus patrono da Babilônia. Em seguida, segurou a mão da estátua dourada para mostrar, assim como os antigos reis babilônios, que havia recebido seu poder direto dos deuses. Assumiu o antigo título de rei das terras e deu ordem para reconstruir o E-sagila, o grande zigurate de 60 metros de altura, danificado por Xerxes. Também deu ordens de acrescentarem plantas gregas às variedades de plantas que cresciam luxuriantes nos jardins suspensos, embora é provável que poucas tenham resistido ao calor da Babilônia. Reconduziu Mazaios ao cargo de sátrapa, com Apolodoro como governador militar macedônio, um equilíbrio inteligente repetido em outros lugares. Os persas que conheciam bem o local foram, é claro, muito úteis.

Enquanto Alexandre restaurava os templos, os soldados macedônios divertiam-se nos famosos prostíbulos da cidade, ajudados com o pagamento de bônus generosos. Os macedônios encontraram uma grande quantidade de lingotes de ouro na cidade, que foram fundidos em moedas para pagar o exército. (Heródoto observara o costume estranho do ritual babilônio de prostituição de *todas* as mulheres nos templos antes do casamento.)

Depois de um mês de descanso e diversões, o exército seguiu para o sudeste em direção a Susa e Persépolis, as capitais da Pérsia.

*Acima: A Porta de Ishtar, um dos mais famosos monumentos religiosos da Babilônia, foi construída em homenagem à Ishtar, a deusa sagrada da prostituição.*

*Abaixo: As paredes da cidade da Babilônia eram decoradas com desenhos de animais, como este leão feito de tilolos brilhantes.*

# A DESTRUIÇÃO DE PERSÉPOLIS
## 331-330 a.C.

Dario I (522-486 a.C.), o mais importante rei da dinastia aquemênida, construiu a capital administrativa do seu reino em Susa, cidade da Mesopotâmia localizada na região do Elam, no final a leste da estrada real que seguia para Sardes a oeste, uma cidade famosa por ser ainda mais quente que a Babilônia. Instalados no enorme palácio em Susa, os reis persas enviaram ordens, ameaças e subornos para a Grécia por quase duzentos anos e, por isso, o nome de Susa tinha um eco sinistro aos ouvidos dos gregos e macedônios. No entanto, não houve oposição à entrada do exército de Alexandre na cidade.

*Acima: Duas colunas com a cabeça de um touro em meio às ruínas do enorme palácio de Dario I em Persépolis, onde Alexandre embriagado incendiou os palácios.*

### A RIQUEZA DE SUSA E PERSÉPOLIS

Os macedônios ficaram atônitos diante da riqueza acumulada pelos reis persas – 50 mil talentos de prata, segundo Arriano, além de tapetes maravilhosos, objetos de decoração e mobiliário. Entre as preciosidades estavam as estátuas de bronze de Harmódio e Aristogeiton, os tiranicidas atenienses levados de Atenas por Xerxes durante o saque à cidade em 480 a.C. Alexandre as enviou de volta a Atenas em uma reafirmação de suas origens pan-helênicas. Outro incidente causou novos problemas para Alexandre. Ao sentar no trono do grande rei seus pés não alcançavam o banquinho para apoiá-los, porque os reis persas eram em geral altos, e então providenciaram uma mesa para substituir o banco. A mudança provocou risos de alegria em seu antigo amigo Demarato e lágrimas em um eunuco da corte persa. A harmonia entre grupos tão diferentes foi difícil, mas Alexandre ainda era um líder pan-helênico. Os macedônios encontraram ainda mais riquezas guardadas em Persépolis, a capital religiosa do império na região montanhosa do interior da Pérsia. Depois de enviar Parmênio à frente do exército carregando bagagens em uma estrada mais lenta, Alexandre partiu em dezembro com a divisão dos Companheiros e seus melhores soldados pela estrada direta. No

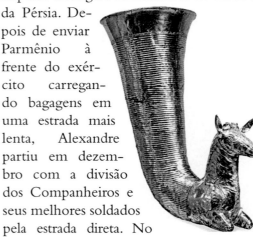

*Abaixo: Copo grego de ouro com a base em formato da cabeça de um animal, um dos objetos do imenso tesouro guardado em Susa e, sobretudo, em Persépolis, na época a cidade mais rica do mundo.*

# AS GRANDES VITÓRIAS

*Acima: Persépolis foi escolhida pelo rei Dario para sediar a capital religiosa do imenso Império Persa no século VI a.C. Os palácios suntuosos foram construídos para intimidar os súditos, com as escadarias magníficas como nesta ilustração.*

caminho encontraram algumas tribos acostumadas a cobrar tributos dos persas, mas um ataque de surpresa dos macedônios ao amanhecer os obrigaram a pagar a Alexandre um tributo de 30 mil carneiros por ano. (Eles eram pastores, e não agricultores.) Por fim, entraram no território do Império Persa e se aproximaram do "Grande Portão de Todas as Nações" na entrada de Persépolis.

## "O GRANDE PORTÃO DE TODAS AS NAÇÕES"

Os portões eram uma barreira maciça de rochas e muralhas de 2.150 metros de altura, que bloqueavam a entrada do desfiladeiro. Quarenta mil soldados armados com catapultas prontas para atirar flechas e pedras esperavam a chegada do exército macedônio. Surpreso com a ofensiva persa, Alexandre recuou. Mas um pastor lhe mostrou uma trilha bem acima do desfiladeiro, onde poderia evitar o confronto com as tropas persas. Alexandre deixou alguns soldados na entrada do desfiladeiro, com ordem de atacar se ouvissem o som de trombetas, e seguiu à noite com o resto das tropas por uma longa caminhada de 17 quilômetros pela floresta coberta de neve. Ao chegar ao topo do desfiladeiro,

Alexandre enviou as tropas de cavalaria e infantaria mais pesadas para o Rio Araxes, a fim de bloquear o recuo. Os outros soldados subiram mais 9,6 quilômetros e surpreenderam o posto avançado do exército persa, que fugiu sem o menor alarde. Ao amanhecer, Alexandre atacou os persas pela retaguarda, enquanto Crátero fazia um ataque frontal. Confusos, os persas dispersaram-se, alguns pularam dos despenhadeiros ou foram mortos ao tentarem fugir. O caminho de Persépolis estava aberto ao exército de Alexandre.

## A RIQUEZA DE PERSÉPOLIS

Os palácios de Persépolis foram construídos em uma colina artificial de 18 metros de altitude no vale de Mervdasht, fértil na época, e agora uma região árida. As escadarias espetaculares davam acesso aos salões de audiência de Dario e Xerxes com os palácios ao redor. As paredes de tijolos de 20 metros de altura dos palácios eram revestidas de azulejos dourados e brilhantes, e as enormes colunas com capitéis em forma de cabeça de touro apoiavam os tetos altos das edificações. Alexandre e seus soldados jamais haviam visto uma cidade tão magnífica como Persépolis. Nada se comparava na Antiguidade à "cidade mais bela e mais rica que brilhava à luz do sol" diante dos olhos maravilhados do grande conquistador. O governador persa mostrou os palácios e o tesouro real, com 120 mil talentos de ouro e prata.

Alexandre deu ordens para preparar 10 mil animais que carregariam o tesouro para Susa, onde ficaria mais seguro e manteve o governador persa em seu posto. Só então deixou que os soldados saqueassem os palácios em uma orgia de destruição desenfreada, que destruiu muitas obras de arte. Os guardas e os habitantes da cidade foram assassinados indiscriminadamente até o rei intervir. Ao ver os pedaços quebrados de uma estátua de Xerxes no chão, Alexandre começou a ter dúvidas até que ponto ele poderia continuar sua guerra de vingança. Mas a maior de todas as destruições ainda iria acontecer.

## O INCÊNDIO NOS PALÁCIOS

Thais, a bela amante ateniense de Ptolomeu, o general e historiador, foi uma das mulheres corajosas que acompanharam o exército na viagem pela Europa. Ptolomeu nunca mencionou seu papel na noite de bebedeira em que os palácios incendiaram-se, mas outras pessoas comentaram. No banquete com música e mulheres, Alexandre e seus amigos beberam demais. Thais então disse com um tom de provocação que cabia às mulheres punirem os persas por terem invadido a Grécia e incendiado os palácios. Os Companheiros deram uma gargalhada de aprovação e Thais, com uma tocha na mão, conduziu uma procissão enlouquecida pelas grandes escadarias. Primeiro Alexandre, em seguida, Thais jogaram tochas no salão de cem colunas do palácio de Xerxes. As colunas de cedro logo se incendiaram e o fogo destruiu os outros palácios, como as ruínas arqueológicas confirmaram. A cruzada pan-helênica atingira seu objetivo.

*Abaixo: Outro ângulo do palácio de Dario I em Persépolis, cujas paredes altas eram revestidas de azulejos dourados brilhantes.*

CAPÍTULO 4

# O SENHOR DA ÁSIA

## 330-323 a.C.

A conquista de Persépolis e o assassinato de Dario mudaram os planos e a postura de Alexandre. Ele não se via mais como um líder pan-helênico, e sim como rei da Ásia, o grande rei. Embora os nobres persas tenham aceitado sua posição de grande rei e senhor da Ásia, isso não significou o final das guerras.

A Pérsia não conseguira subjugar muitas tribos em províncias distantes no Oriente, o que Alexandre não poderia admitir. Para ser o verdadeiro governante de todas as satrapias, seria preciso usar a tática de guerrilhas, com ofensivas violentas e de surpresa em lugares desconhecidos para os gregos. Seu gênio militar sempre triunfava, mas havia problemas crescentes entre as tropas. Como senhor da Ásia, Alexandre precisaria ter uma aparência régia e adotar alguns costumes orientais. Essa atitude foi considerada um anátema para os soldados veteranos macedônios, que ainda constituíam a principal força do exército. Em um ambiente de crescente tensão, algumas conspirações foram descobertas ou inventadas, e companheiros antigos morreram. Quando Alexandre seguiu em direção à Índia, os soldados por fim rebelaram-se.

Privado do desejo de alcançar os limites do mundo, tal como o imaginava, Alexandre voltou para a Babilônia, onde morreu pouco antes de completar 33 anos. Com sua mente esclarecida, Alexandre tentou unir os persas e a nobreza macedônia para criar uma nova elite governante. Apesar da adoção do grego como a língua dessa nova elite, os macedô-

*À esquerda: O desfiladeiro em Kafiristan nas montanhas Indocuche, a noroeste do Paquistão.*

nios rebelaram-se contra o plano. Alexandre reprimiu a revolta e continuou a fazer planos grandiosos, que morreram com ele, assim como todas as esperanças de unir o império.

# DE PERSÉPOLIS A HERAT
## 330-329 a.C.

Alexandre seguiu para o Norte em direção a Ecbátana (atual Hamadã) em maio de 330 a.C. Com um exército de 60 mil soldados fortemente armados, Alexandre estava preparado para lutar uma nova batalha. Embora Dario ainda tivesse o apoio das tropas das satrapias orientais e alguns mercenários gregos, mais uma vez fugiu. Dessa vez, sua indecisão lhe foi fatal. Besso, um parente distante, assumiu o poder e o depôs, decidido a recuar para Báctria, uma satrapia mais distante. No início de junho, Alexandre chegou a Ecbátana, onde pagou os aliados gregos e a cavalaria da Tessália, oficialmente encerrando a cruzada pan-helênica. Alguns soldados quiseram se alistar de novo, com uma remuneração maior. O resto voltou para seus países de origem.

### A MORTE DE DARIO

No momento em que soube da captura e deposição de Dario, Alexandre partiu apressado com quinhentos cavaleiros para Ragae (Teerã). Mas as tropas macedônias alcançaram tarde demais os rebeldes persas. Besso, ao ver a aproximação do exército de Alexandre, assassinou Dario, deixou sua bagagem no local e fugiu para leste. O corpo do último imperador aquemênida foi encontrado preso com correntes douradas em um vagão por um soldado macedônio. Quando viu o cadáver de seu inimigo, Alexandre o cobriu com sua capa e o enviou a Persépolis para ter um funeral com pompas reais.

*Acima: O desejo (pothos) de Alexandre de conquistar horizontes distantes revela-se na imagem de seu busto. A vontade de viajar, de conhecer lugares novos, explica parte de sua jornada interminável.*

Essa atitude de Alexandre mostrou que se considerava o herdeiro de Dario.

### ALEXANDRE SEGUE PARA LESTE

Quando o exército de Alexandre passou pelas montanhas Elburz arborizadas e seguiu em direção a Zadracarta no Mar Cáspio, os persas nobres, entre eles o grão-vizir envolvido no assassinato de Dario, aparece-

# O SENHOR DA ÁSIA

*Acima: O vale fértil nas montanhas Elburz no norte da Pérsia, que os macedônios atravessaram em 330 a.C. A região era uma exceção em meio à aridez do planalto persa.*

ram à frente das tropas. Alexandre perdoou o grão-vizir e muitos outros nobres. Alexandre, é óbvio, precisava de pessoas experientes que falassem persa (poucos macedônios eram fluentes em persa) para gerir a complexa administração imperial.

Artabazo, a quem Alexandre conhecera há muito tempo em Pela e cuja filha, Barsine, fora sua amante, procurou-o acompanhado pelos sete filhos, alguns deles antigos sátrapas. Alexandre os recebeu com cordialidade. Os 1.500 hoplitas gregos do exército de Dario foram perdoados e alistaram-se nas tropas macedônias, mas com o antigo soldo menor. Alexandre organizou competições esportivas à beira-mar em Zadracarta. Os soldados macedônios, em um merecido descanso de duas semanas, admiraram esse mar estranho, quase sem gosto de sal, porém cheio de peixes. Muitos gregos pensavam que o Mar Cáspio tinha acesso ao oceano ao norte, que rodeava a terra. Os gregos não sabiam que a costa norte do Mar Cáspio fora descoberta por Dario I há quase duzentos anos. A perspectiva de estar tão perto do fim do mundo provocou

---

**BAGOAS: O JOVEM PERSA**

O jovem eunuco Bagoas, homônimo do grão-vizir que envenenara Artaxerxes III, mas sem relação de parentesco, e antigo cortesão de Dario III, ficou íntimo de Alexandre. Extremamente bonito, registrado como o "filho de um certo Parnuches", Bagoas reuniu-se ao seleto grupo de amantes de Alexandre (o grupo compunha-se de quatro mulheres, um homem e um eunuco). Não se sabe qual foi a reação de Hefestião com a presença desse novo amante. Mas Alexandre confiava tanto na competência de Bagoas que o nomeou *trierarch* (capitão) de um dos navios da frota que construiu no Rio Indo. Mais tarde, beijou Bagoas publicamente em um festival realizado após seu retorno da Índia. A pederastia era uma prática muito bem aceita pelos macedônios.

de novo o o desejo de conquistar terras distantes. Mas esse caminho seguia para o sudeste em direção ao interior da antiga Pérsia.

## UM REI PARA OS PERSAS

À medida que o exército avançava a sudeste de Meshed para Areia (oeste do Afeganistão), chegaram notícias que Besso estava "usando seu diadema", em outras palavras, tinha se proclamado o grande rei.

Em parte como reação a essa notícia, Alexandre adotou alguns costumes da etiqueta da corte persa para impressionar seus novos súditos, como alguns detalhes de trajes persas, um assunto delicado para os macedônios, que achavam as calças ridiculamente afeminadas. Alexandre não adotou o hábito de usar calças, mas começou a usar um diadema, uma faixa de tecido ornamental na cabeça e trajes persas, como a túnica púrpura. Adotou também o cerimonial da corte persa, com oficiais de alto escalão ou nobres encarregados de servir as bebidas à mesa do rei, eunucos e, segundo dizem, 365 concubinas. Porteiros e camareiros controlavam o acesso ao rei, que esperava os visitantes sentado glorioso no trono. Todos esses rituais contrastavam com a informalidade da corte da Macedônia e, assim, no início Alexandre tinha duas cortes, uma para os persas e outra para os macedônios.

Em Ariana, Alexandre fundou uma nova cidade, Artacoana, atual Herat, e reconduziu o sátrapa Satibarzanes ao cargo. No entanto, não se podia confiar nos persas e logo depois Satibarzanes se rebelou. Alexandre derrotou seu exército, mas Satibarzanes fugiu com alguns soldados.

## PHILOTAS E PARMÊNIO

Em setembro de 330 a.C., Alexandre descobriu uma conspiração para assassiná-lo, na qual Philotas, filho do general Parmênio, um veterano do exército e amigo de infância, supostamente estava envolvido. Julgado culpado pelo exército macedônio, no exercício de seu antigo poder judiciário, Philotas foi apedrejado até morrer.

Ordens secretas transmitidas por correios especiais condenaram Parmênio, que comandava as forças de reserva na distante Ecbátana, uma posição de grande poder no caminho de retorno à Macedônia, à morte. Mas enquanto Philotas foi julgado e executado, mesmo por acusações duvidosas, a morte de Parmênio foi considerada por alguns historiadores como o equivalente a um assassinato. O general idoso, um antigo amigo de Filipe, foi esfaqueado até morrer.

*À direita: Estátua dourada de um íbex com asas, do período da dinastia aquemênida. O íbex era muito comum nas montanhas distantes da Ásia Central, onde viviam os nobres persas independentes, com quem Alexandre lutou para aceitar seu domínio.*

# A ESTRADA ATRAVÉS DE OXIANA
## 329-328 a.C.

As campanhas nos dois anos seguintes revelaram a determinação inflexível de Alexandre de conquistar novas terras, enquanto entrava na Ásia Central. Em outubro de 329 a.C., chegou a Drangiana perto do Rio Halmand, onde fundou outra Alexandria: Kandahar. Decidiu, em seguida, se aproximar da Báctria, a enorme satrapia de Besso, a sudeste. Com sempre, escolhia os caminhos mais difíceis.

À medida que o inverno ficava mais inóspito, Alexandre conduziu 40 mil soldados pelo flanco sul das montanhas Indocuche, que os gregos chamavam de Cáucaso indiano. Os soldados e os cavalos sofreram terrivelmente nas colinas cobertas de neve e com a elevada altitude das montanhas. Porém, incentivados pelo rei, que ajudava pessoalmente os retardatários, continuaram a avançar. Em meados do inverno encontraram uma tribo que hibernava no local e podia tê-los saqueado, mas o trajeto escolhido por Alexandre confundiu Besso. Alexandre fundou uma nova cidade, Alexandria no Cáucaso, perto de Cabul, onde o exército descansou antes de seguir para o norte no início de maio. Depois de uma subida exaustiva em outra cadeia de montanhas, o exército chegou a Bactro (Balkh), a principal cidade da Báctria.

*Acima: Coluna com duas cabeças de touro, típica da arquitetura persa de uma elegância majestosa, que Alexandre admirava.*

*Abaixo: O caminho de Alexandre para o Oriente poucas vezes seguiu as estradas habituais; ao contrário, ele seguia caminhos em ziguezague ao norte e ao sul perseguindo os inimigos, algumas vezes refazendo seus passos. Alexandre era um gênio na abordagem inesperada do território inimigo.*

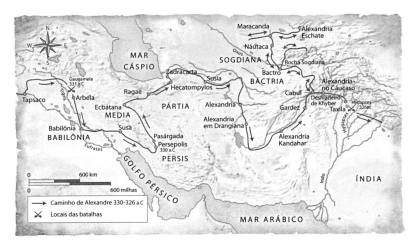

## O FUNDADOR DE CIDADES

Alexandre fundou pelo menos 18 cidades, com frequência em substituição a antigos povoados, e celebrizou-se como o maior fundador de cidades do mundo antigo. Algumas prosperaram, outras desapareceram, e muitas sobreviveram com outros nomes (Cabul, Khojend). A nova cidade de Alexandria no Egito logo se tornou uma das maiores cidades do mundo. Os colonos escolhidos por Alexandre para povoar as cidades da Ásia eram em geral soldados que, por causa de doenças, idade ou ferimentos nas batalhas, não conseguiam acompanhá-lo em seus ataques inesperados. Entre os colonos gregos e macedônios, havia também pessoas locais e prisioneiros.

Depois da morte de Alexandre, alguns colonos, que poucas vezes eram voluntários, tentaram voltar para sua terra natal, mas os sucessores de Alexandre os obrigaram a permanecer nas novas cidades. Qualquer que tenha sido a intenção de Alexandre ao fundar essas cidades (algumas pessoas as viam apenas como bases militares para controlar o império), elas ajudaram a difundir o helenismo, mesmo que esparso, na Ásia. Como as ruínas de Ai Khanum no Afeganistão (outra Alexandria) revelaram, essas cidades tinham bons teatros, ginásios e templos, considerados essenciais em uma pólis grega.

## A MORTE DE BESSO

Besso, em pânico diante da súbita chegada de Alexandre, fugiu quase sem apoio militar para Sogdiana, ao norte da região. Alexandre, estimulado pela notícia do assassinato do sátrapa Satibarzanes, que o atraiçoara, atravessou o deserto em direção a Oxo, o grande rio que dividia a região. Mas se deparou com um problema: não havia pontes nem madeira para construí-las, a fim de cruzar o rio. Então deu ordens aos soldados para encherem as bagagens de couro com forragem e nadarem abraçados nessas boias improvisadas até a outra margem do rio. Surpresos, os sogdianos ofereceram para entregar Besso, na expectativa de encerrar a perseguição do exército macedônio. Ptolomeu, um dos principais generais de Alexandre, saiu à procura do traidor. Besso foi jogado nu ao lado da estrada onde o exército o chicoteou. Mais tarde, em Ecbátana, Besso foi mutilado e empalado, um castigo que Arriano, o filósofo e historiador, condenou como um crime bárbaro, mas um castigo previsível para os persas.

## MORTE EM SAMARCANDA

Os sogdianos pensaram que Alexandre recuaria depois da captura de Besso, mas ele avançou em direção ao Rio Jaxartes e conquistou Samarcanda no caminho. O rio demarcava o limite do poderio do Império Persa. Em Samarcanda ele fundou uma

*Abaixo: Herat na região oeste do Afeganistão foi uma das 18 cidades que Alexandre fundou (cidades novas ou antigos povoados rebatizados) como colônias militares, que em grande parte prosperaram depois de sua morte. As cidades eram construídas como uma pólis grega com teatro, ágora, ginásio, templos e um conselho municipal.*

nova cidade, a mais distante de seu império, Alexandria Eschate, atual Khojend. Em seguida, enviou 2 mil soldados para reprimir uma rebelião liderada por Espitamenes, um dos aliados de Besso, em Samarcanda.

Alexandre atravessou o Rio Jaxartes e derrotou a cavalaria cita um pouco mais além do rio, onde bloqueavam o avanço do exército macedônio. Esses nômades do norte do Mar Negro foram derrotados, mas Alexandre adoeceu com disenteria depois de beber água contaminada no deserto. Em outras batalhas ele foi ferido duas vezes, em uma delas com um ferimento grave. Logo depois, chegou a notícia que Espitamenes havia derrotado a força macedônia em Samarcanda, e Alexandre se precipitou como um louco com alguns soldados da cavalaria para tentar ajudar a cidade. Espitamenes desapareceu nas montanhas e os macedônios envolveram-se em guerrilhas prolongadas na região. Quando o exército voltou a Samarcanda no final do verão de 328 a.C., a intensidade dos conflitos havia diminuído, mesmo antes da chegada de 21 mil soldados, quase todos gregos, comandados por Nearco, um amigo antigo.

Para relaxar, os soldados beberam álcool em excesso, mesmo para os padrões macedônios (a água em Samarcanda era salobra, com um gosto horrível). Os soldados embriagados criticaram a orientalização das novas políticas de Alexandre. Clito, o Negro, um *hipparch* (general da cavalaria), que salvara a vida de Alexandre na batalha de Grânico, insultou o rei ao dizer que seu sucesso era consequência dos soldados e de Filipe. Furioso, Alexandre pegou uma lança e matou Clito. Em seguida, atormentado por ter assassinado um antigo amigo durante o jantar, retirou-se para sua tenda onde ficou durante três dias sem comer e beber. Por fim, os soldados chegaram à conclusão que a raiva de Dioniso, o deus do vinho, cujo festival não haviam comemorado, fora responsável pela morte de Clito. Esse incidente revelou o orgulho suscetível de Alexandre e sua raiva às vezes homicida.

*Abaixo: Em geral fazendo campanhas em meados do inverno em montanhas altas para atacar inimigos desprevenidos, Alexandre e o exército macedônio atravessavam desfiladeiros cobertos de neve. A tenacidade inata dos macedônios e o exemplo de Alexandre incentivavam o avanço do exército.*

# CASAMENTO NA ROCHA SOGDIANA
## 327 a.C.

No final de 328 a.C., a sorte acompanhou Alexandre. Em novembro, Espitamenes, cada vez mais desesperado, foi assassinado por suas tropas, que jogaram sua cabeça decepada no acampamento de Alexandre. No início de 327 a.C., Alexandre retomou a campanha na região leste de Sogdiana decidido a eliminar a última oposição, apesar das tempestades de neve e frio intenso, que mataram 2 mil soldados.

Perto das atuais montanhas Hissar em Koh-in-Noor, os rebeldes refugiaram-se no castelo do chefe de um clã local, uma fortaleza chamada Rocha de Sogdiana a 3.600 metros de altitude. Quando Alexandre pediu que se rendessem, os rebeldes disseram que ele deveria deixar crescer as asas e voar.

*Acima: Em sua marcha em direção ao Oriente, Alexandre conquistou montanhas ainda mais altas, como a cordilheira de Kohi-i-Baba. Em uma delas se apaixonou por Roxana.*

*Abaixo: O casamento de Alexandre com Roxana pintado pelo artista italiano do século XVIII, Marianno Rossi, na fortaleza da Rocha Sogdiana. O filho do casal nasceu depois da morte de Alexandre.*

Furioso, escolheu trezentos voluntários para subir a montanha à noite pelo lado mais íngreme e coberto de gelo. Trinta soldados morreram na escalada. Mas, ao amanhecer, os sogdianos surpreenderam-se com a chegada dos macedônios e renderam-se.

## AMOR À PRIMEIRA VISTA

Entre as pessoas capturadas estava a bela filha de Oxiartes, um homem importante do local, Roxana, cujo nome significava "pequena estrela". Alexandre se apaixonou à primeira vista por ela. Porém Roxana era uma prisioneira do exército macedônio e, por esse motivo, Alexandre não quis obrigá-la a casar com ele, apesar das vantagens políticas óbvias dessa união. Mas, felizmente, a política e a paixão coincidiram, Roxana aceitou seu pedido, e o casamento foi celebrado na fortaleza. O castelo tinha suprimentos para alimentar o exército por dois anos, um dote muito útil. Os noivos cortaram uma fatia de pão com a espada de Alexandre e comeram cada um a metade (uma antiga tradição persa).

Em seguida, Alexandre voltou com o exército e Roxana para a Báctria, que reconstruíra como uma esplêndida cidade grega. Lá, deu ordens para que 30 mil garotos persas da sociedade local fossem treinados como soldados. Eles usariam armas da Macedônia e falariam grego. As famílias não tiveram outra escolha a não ser aceitar esse recrutamento, uma das inúmeras medidas para criar uma classe governante persa e macedônia. A medida seguinte seria ainda mais controvertida.

## A CONSPIRAÇÃO DOS PAJENS

Os persas faziam uma reverência, *proskynesis*, aos seus superiores, sobretudo ao grande rei, de maneiras diferentes de acordo com a classe social. Os nobres persas não se arrastavam no

*Acima: Ao norte de Sogdiana situavam-se as estepes habitadas pelos citas e outros nômades, cujos domínios estendiam-se da Eurásia ao Mar Negro. Nesta ilustração vemos um vaso de ouro no estilo cita fabricado por artesãos gregos.*

chão, como mencionado mais tarde por alguns historiadores, embora as pessoas comuns se ajoelhassem e tocassem o chão com a testa. Os nobres persas inclinavam-se e com a mão estendida atiravam um beijo. Em retribuição seu superior os abraçava, segundo a posição social deles. Todos os persas inclinavam-se diante do grande rei, porém não o veneravam como um deus. No entanto, para os gregos a *proskynesis* era uma forma de homenagear os deuses, não os monarcas, e esse costume dos persas causou muitos equívocos.

Calístenes, o historiador oficial das campanhas de Alexandre e primo de Aristóteles, costumava se vangloriar que Alexandre seria famoso apenas por causa de sua história. (Por ironia, a história desapareceu.) Com frequência, elogiava Alexandre como se fosse um deus. Além de historiador oficial, Calístenes era tutor dos pajens da corte, como Aristóteles fora tutor de Alexandre. Muitos governantes gregos julgavam que a presença de um filósofo dócil era essencial na vida de uma corte, e Alexandre manteve uma relação cordial com Aristóteles durante muito tempo. Mas Calístenes, apesar de ser indiscutivelmente culto, era inábil e tolo.

Alexandre percebeu que os nobres persas irritavam-se ao ver os macedônios se aproximarem dele, o rei, com um tratamento informal, enquanto os persas tinham de fazer uma reverência formal. Alexandre e alguns amigos íntimos, como Hefestião, imaginaram uma forma de obrigar os macedônios a fazerem a *proskynesis*. Certa noite em Báctria, durante o jantar, uma taça de ouro cheia de vinho circulou entre as mesas. Todos os convidados, como lhes fora recomendado, levantaram-se, brindaram com um gole de vinho, e inclinaram-se um pouco como era o costume da *proskynesis* antes de receber o beijo de Alexandre no rosto. Nenhum convidado causou problemas exceto Calístenes. Ele bebeu o vinho, *não* se inclinou e esperou o beijo, que Alexandre recusou. "Então fiquei sem o beijo", disse Calístenes.

Nada mais aconteceu essa noite. Porém, logo depois, quando o exército continuou a avançar para o Oriente, uma conspiração séria dos pajens foi descoberta. Um rapaz, Antípatro, humilhado por ter sido chicoteado em razão de ter matado um javali antes de Alexandre (uma grande violação da etiqueta), planejou junto com alguns amigos matar o rei enquanto ele dormia.

Mas a conspiração fracassou, porque Alexandre se embriagou até o amanhecer. Os pajens continuaram a comentar o assunto até Ptolomeu descobrir o que haviam tramado. Os pajens foram presos, interrogados e torturados, afirmando que Calístenes os instigara. Ele foi preso, torturado e enforcado. Não se sabe de fato se fora o mentor da conspiração, mas ele influenciou a oposição dos gregos e macedônios, que se consideravam uma raça vitoriosa, a adotar costumes orientais.

Os planos de introduzir o ritual da *proskynesis* foram adiados, quando o exército partiu em direção à Índia, o objetivo mais audacioso de Alexandre.

*Abaixo: Aristóteles, antigo tutor de Alexandre, sugeriu que Calístenes seguisse as campanhas como historiador oficial e fosse tutor dos pajens. Mas Calístenes instigou o orgulho dos jovens pajens que, por fim, organizaram uma conspiração contra Alexandre. Os pajens foram presos e executados. Calístenes já irritara o rei, ao se recusar a cumprimentá-lo segundo o costume persa.*

# A ÍNDIA: O FIM DO MUNDO
## 327-326 a.C.

O Império Persa estendera-se até o Rio Indo, mas as satrapias indianas próximas ao rio (atual região noroeste do Paquistão) já não existiam mais na época de Alexandre. No imaginário dos gregos, a Índia era uma terra exótica e selvagem, povoada de formigas cavadoras de ouro entre outros prodígios, e fabulosamente rica de acordo com os relatos de Heródoto. Os reinos, apesar de poderosos, eram divididos.

Alexandre não poderia resistir à ideia de conquistar a Índia, embora não soubesse o tamanho e a diversidade do país. Não havia quase contato entre a Grécia e a Índia na época. Mas Alexandre sabia que o cheiro dos elefantes indianos assustava os cavalos.

O exército que Alexandre comandou no final de 327 a.C. na campanha à Índia era constituído em grande parte por soldados asiáticos. Havia deixado muitos soldados antigos na Báctria como colonos ou guarnições militares, e recrutara 30 mil soldados bactrianos e tropas de cavalaria sogdianas. Enquanto a maioria da infantaria macedônia substituíra as longas sarissas por lanças mais curtas e fáceis de manejar e tivesse havido mudanças na estrutura do exército, os melhores soldados e os oficiais mais graduados ainda eram macedônios.

## O EQUILÍBRIO MILITAR EM HIDASPES

O caminho direto para a Índia atravessava o desfiladeiro Khyber. Mas Alexandre queria garantir a manutenção de suas linhas de comunicação e seguiu à esquerda, para fazer uma campanha árdua contra as tribos, que

*Acima: O ataque de Alexandre a Poro, o rajá indiano montado em um elefante, na imagem da moeda cunhada para celebrar a vitória.*

habitavam as montanhas nas regiões selvagens de Chitral e Swat.

A captura da fortaleza de Aorno no pico do Pirsar, a 1.500 metros acima do Indo em 326 a.C., foi o clímax da campanha. Em razão dos equívocos referentes às lendas da região, os gregos pensaram que o deus local era Dioniso, o deus do vinho, que visitara a Índia. Esse mito equivocado estimulou ainda mais os sonhos de conquista de Alexandre.

Quando o exército desceu o Indo, o governante de Taxila recebeu Alexandre. Essa acolhida provocou a inimizade de Poro, rajá

---

**ALTARES NO FIM DO MUNDO**

Quando o exército de Alexandre recusou-se a avançar, Alexandre deu ordens para construir 12 altares gigantescos dedicados aos deuses do Olimpo, tão altos como as torres enormes e mais largos do que as torres, para marcar os limites de sua conquista. Alexandre, o invencível, foi derrotado por suas tropas e seu *pothos* (desejo) de alcançar o fim do mundo frustrou-se.

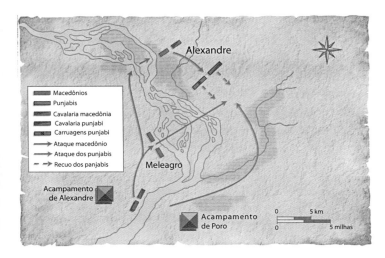

*Acima: Apesar de ser uma das batalhas menos famosa contra os persas, Hidaspes foi talvez a mais brilhante vitória de Alexandre. Diante de um inimigo com um número muito superior de tropas e elefantes do outro lado do rio cheio por causa das chuvas recentes, Alexandre enganou Poro ao dividir seus soldados e avançar com metade de suas tropas rio acima para atravessá-lo em segredo. O resto das tropas fez um ataque direto. Depois de um longo combate difícil Poro se rendeu e se tornou um fiel aliado de Alexandre.*

de Pauravas, um estado indiano mais a leste. Poro reuniu um enorme exército, com 85 elefantes, na margem oriental do Rio Hidaspes (atual Jhelum), onde os macedônios chegaram em maio.

O equilíbrio do poder militar assemelhava-se à batalha do Rio Grânico oito anos antes, mas dessa vez Alexandre iria enfrentar um número muito superior de tropas, além de elefantes. O Rio Hidaspes, com 800 metros de largura, cheio por causa das chuvas recentes, era ainda mais caudaloso do que o Grânico.

## A VITÓRIA SOBRE PORO

Alexandre reagiu com uma engenhosidade típica. Primeiro, deu a impressão que estava fazendo um acampamento permanente. Depois jogou botes no rio para aumentar a tensão dos indianos com falsos alarmes. Ajudado pela chuva, dividiu secretamente as tropas e deixou Crátero no acampamento com metade dos soldados. Em seguida, avançou 24 quilômetros acima do rio com 11 mil soldados de infantaria e 5 mil de cavalaria. Uma ilha arborizada permitiu que os soldados de infantaria atravessassem o rio em botes improvisados, enquanto a divisão de cavalaria cruzou o rio com a água até o pescoço dos cavalos. As tropas se reuniram na margem oposta do rio e depararam-se

*Abaixo: O Rio Indo percorre as montanhas ao norte e alarga-se ao entrar nas planícies do reino de Poro.*

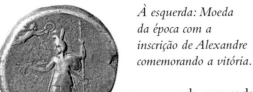

*À esquerda: Moeda da época com a inscrição de Alexandre comemorando a vitória.*

com a guarda avançada de Poro, que caminhava na direção deles.

Outros soldados macedônios sob comando de Meleagro atacaram o flanco das tropas indianas no rio. Alexandre usou sua tática de avançar em diagonal, com a infantaria dispersa para enfrentar os elefantes, enquanto a cavalaria fazia um ataque decisivo. Depois de um longo e difícil combate, o exército de Poro foi derrotado em uma das mais brilhantes vitórias de Alexandre. Poro se rendeu e, generosamente, Alexandre restaurou seu antigo reino. Em retribuição, Poro tornou-se um aliado fiel. Alexandre cunhou moedas com desenhos de elefantes e arqueiros indianos. Mas seu apetite por mais conquistas na Índia não se saciara, ao contrário.

## A REVOLTA DO EXÉRCITO

Alexandre soubera que o enorme reino de Ksandrames a leste do Rio Ganges, apesar de decadente, seria uma conquista perfeita. Aristóteles lhe ensinara que o oceano que circunda a terra ficava a leste desse reino. Alexandre ofereceu um sacrifício ao Sol e em junho começou a planejar o avanço das tropas a partir do rio Hifasis (Rio Beas, a leste de Amritsar), onde o exército estava acampado. Mas, nesse ínterim, as chuvas torrenciais das monções começaram.

Os macedônios nunca haviam visto chuvas tão fortes. As águas dos rios subiram nove metros e ao inundarem as margens as cobras apareceram em uma quantidade assustadora. As roupas dos soldados apodreceram com o calor úmido. Depois de caminharem 19 mil quilômetros, a situação ficou insuportável. Quando Alexandre tentou entusiasmá-los com relatos de terras fabulosas à espera de serem conquistadas, os soldados permaneceram silenciosos. Então, Coenus, um dos generais mais competentes e fiéis de Alexandre, expressou em nome de todos os soldados o desejo de voltar para a Macedônia.

Alexandre respondeu que não obrigaria ninguém a segui-lo, mas avançaria sozinho se fosse preciso e retirou-se para sua tenda. Porém o exército estava inflexível. Por fim, furioso, concordou em voltar. Os soldados comemoraram com uma alegria indescritível a decisão.

*Abaixo: Ilustração de um manuscrito medieval francês de Quintus Curtius, retratando a cena em que Alexandre atravessou o Rio Indo para lutar com Poro.*

# O LONGO RETORNO
## 326-325 a.C.

Ao voltar para o rio Hidaspes, Alexandre encontrou a frota que Crátero mandara construir com a madeira do Himalaia. Alexandre havia decidido não voltar pela mesma estrada e preferiu fazer uma viagem pelos rios até chegar ao oceano. Antes fundou duas novas cidades, Niceia (Victoryville) e Bucéfala, a primeira em comemoração à sua vitória e a segunda em homenagem ao seu amado cavalo.

Em novembro de 326 a.C. o exército com cerca de 120 mil soldados embarcou em uma frota de oitocentos navios. Alexandre "em pé na proa do navio fez uma libação com um líquido contido em um vaso dourado invocando solenemente o rio... Depois de uma libação a Héracles, seu ancestral, Amon e outras divindades habituais, deu ordem que tocassem as trombetas e os navios começaram a descer o rio". Hefestião seguiu com suas tropas na margem esquerda e Crátero à direita, como guardas.

*Acima: Apesar de seriamente ferido no cerco de Multan em 325 a.C., ainda assim Alexandre comandou as tropas à frente da batalha.*

*Abaixo: A nascente do Rio Indo, o grande rio onde Alexandre e sua frota de oitocentos navios navegaram até o Oceano Índico.*

### O ROÇAR DA MORTE
No início, a viagem pareceu um passeio de exploração. As tribos locais, assustadas com o número de navios, renderam-se pacificamente apesar de as correntezas causarem problemas para marinheiros inexperientes.

*Acima: Um trirreme, a galé típica grega com três ordens de remos, que os soldados de Alexandre construíram nas margens do Rio Indo para navegar até o Oceano Índico.*

Diversas galés afundaram, inclusive a de Alexandre, o rei teve de nadar, mas a frota se reuniu de novo.

Mais adiante, para alegria de Alexandre os guerreiros malianos hostis recusaram-se a se render. Ele os encontrou quando percorria o deserto e conquistou a capital da província deles, Multan, em 325 a.C. A parte externa da cidade foi logo subjugada, mas, ao atacar a cidadela, as escadas quebraram, e Alexandre e três soldados ficaram em cima da muralha. Quando Alexandre pulou da muralha e entrou na cidade, uma flecha perfurou seu pulmão. Peucetas protegeu-o com o escudo, o escudo sagrado de Troia, até a chegada das tropas macedônias, que massacraram os habitantes da cidade em uma fúria assassina pela morte do rei.

Na verdade, o rei sobreviveu com os cuidados do médico, que conseguiu retirar a flecha. Mas os rumores de sua morte continuaram e, então, para evitar mais boatos uma semana depois um barco o levou de volta ao acampamento. Para convencer os soldados que estava vivo e saudável, Alexandre saltou do barco e montou a cavalo "sob os aplausos frenéticos dos soldados, que se aproximaram dele, tocaram em suas mãos, joelhos e roupas". Mas seu ferimento no pulmão fora tão grave, que Alexandre nunca mais caminhou, muito menos lutou, sem sentir dor. Os oficiais do exército o repreenderam por arriscar a vida e a segurança do exército de uma forma tão imprudente, porém, como comentou Arriano, "ele lutava como um louco... o prazer embriagador da batalha era irresistível".

## A MARCHA PELO DESERTO

Alexandre chegou ao Oceano Índico em julho. Logo ao chegar, os navios foram destruídos por tempestades terríveis e pelas marés, dois fenômenos desconhecidos no Mar Mediterrâneo. Lá, fundou um porto com o nome de Alexandria, antevendo um possível comércio com a Índia. Em seguida, enviou 10 mil soldados macedônios experientes e elefantes de volta à Pérsia por uma estrada ao norte de fácil circulação, mas seus planos eram diferentes. Queria atravessar o deserto de Gedrósia (Mekran), uma travessia que ninguém fizera antes nem mesmo em lendas. Enquanto isso, a frota macedônia sob comando de Nearco seguiu pelo Rio Eufrates, sempre em contato com o exército. Assim como outros navios gregos, a frota sob comando de Nearco não poderia ficar muito tempo no mar.

No início, a viagem foi agradável; as árvores de mirra eram tão abundantes, que os soldados esmagavam a erva preciosa com os pés. Mas logo os suprimentos, sobretudo, a água, escassearam, e embora caminhassem com frequência à noite, o calor era terrível. Os soldados matavam e comiam os animais, inclusive cavalos, uma falta de disciplina que Alexandre ignorou.

Em determinado momento da viagem pelo deserto interminável até os guias se perderam e Alexandre teve de levar os soldados à costa para encontrar a trilha.

Apesar de estar sempre a cavalo, Alexandre compartilhava as dificuldades da viagem com os soldados, principalmente a sede. Em uma ocasião, alguns soldados encontraram um filete de água, encheram um capacete e o levaram para Alexandre, que, escreveu Arriano, "depois de agradecer jogou a água no chão à frente das tropas. O efeito de sua ação foi extraordinário, como se todos os soldados tivessem bebido a água... uma prova não só de capacidade de resistência, como também do espírito genial de liderança". Porém essa genialidade não salvou a vida de milhares de soldados. Apenas um quarto do exército original com 40 mil soldados sobreviveu, a única derrota na carreira de Alexandre.

## O REENCONTRO COM NEARCO

Ao chegar ao final do deserto depois de sessenta dias de viagem, Alexandre enviou alguns soldados a camelo para buscar suprimentos. A travessia bem-sucedida de Alexandre então se transformou em uma festa dionisíaca, com os soldados comemorando o fim de tanto sofrimento.

Em dezembro de 326 a.C., Alexandre chorou de alegria ao rever seu antigo amigo Nearco, agradeceu a Zeus e a Amon, e disse que esse reencontro lhe dera mais prazer do que todas as conquistas. Nearco também fizera uma viagem difícil. Os marinheiros tinham sofrido com o calor, a sede, a fome e os sustos nos encontros com as baleias, um animal desconhecido para os gregos, e com tribos hostis quando os soldados desembarcaram à procura de água e comida. Mas Nearco só perdera um navio.

*Abaixo: Alexandre decidiu voltar à Pérsia a pé pelo centro do enorme deserto de Gedrósia (Mekran) como mostra esta imagem, uma iniciativa muito arriscada. Três quartos do exército morreram na pior derrota de Alexandre, apesar de pouco conhecida.*

# A FÚRIA DO REI
## 324 a.C.

Poucos governadores nomeados por Alexandre, persas ou macedônios, tinham esperança de revê-lo. Catorze das 23 satrapias do império estavam se rebelando. Rumores do grave ferimento de Alexandre em Multan, depois seu desaparecimento no deserto, incentivaram até mesmo um antigo amigo como Hárpalo, o tesoureiro do império, a cunhar moedas na Babilônia sem autorização do rei. Alexandre iniciou um reinado de terror ao ouvir essas notícias. Muitos governadores, soldados e oficiais foram executados por corrupção e deslealdade, entre eles seiscentos mercenários trácios, que tinham cometido um abuso de poder na Media. Hárpalo fugiu para Atenas com as duas amantes e 6 mil talentos, um dinheiro usado mais tarde para financiar a oposição à Macedônia.

*Acima: Heraion, o principal templo de Samos. O decreto de Alexandre determinando a volta de todos os exilados gregos causou um enorme problema para Atenas, que tinha muitos colonos na ilha.*

*Abaixo: Em seu retorno à Pérsia, Alexandre descobriu que o túmulo de Ciro, o Grande, o fundador do império persa, em Pasárgada, fora profanado. Deu ordens para executarem os sacerdotes que o vigiavam e pediu ao arquiteto Aristóbolo para restaurá-lo.*

## PASÁRGADA E PERSÉPOLIS

Alexandre despediu-se de Nearco, que continuou a viagem pelo Rio Eufrates, e seguiu para a Pérsia. Visitou Pasárgada, a capital de Ciro, o Grande, que conhecera rapidamente em 330 a.C., e ficou indignado ao descobrir que o túmulo de Ciro fora profanado, supostamente pelos sacerdotes que o vigiavam. Alexandre mandou torturar os sacerdotes, mas eles não confessaram nada. Em seguida, pediu a Aristóbulo, um arquiteto e biógrafo, que restaurasse o túmulo. Aristóbulo demorou muitos anos em seu projeto de restauração, mas o túmulo restaurado ainda existe. Depois Alexandre partiu para Persépolis, em 324 a.C., onde contemplou as ruínas dos palácios incendiados, talvez

## A PIRA DE CALANOS

Alexandre não era um "estranho em meio às mais sublimes divagações da filosofia, embora fosse escravo de sua ambição", disse Arriano. Em 326 a.C., intrigado com o comportamento dos *gymnosophists* (ascéticos que haviam renunciado à ambição mundana) em Taxila, pediu que alguns deles acompanhassem seu exército. Só Calanos aceitou seu convite e mais tarde se tornou um amigo íntimo de Alexandre. Quando o exército chegou a Persépolis em 324 a.C., Calanos, "que nunca adoecera", ficou seriamente doente. Decidiu então se suicidar apesar das súplicas de Alexandre. Ptolomeu recebeu ordens de preparar uma pira, e Calanos "foi escoltado por uma procissão solene de cavalos, homens e soldados... com copos de ouro e prata nas mãos e vestidos com trajes reais". Quando as chamas elevaram-se, Alexandre "sentiu-se constrangido ao assistir ao sofrimento terrível do amigo" e pediu que tocassem trombetas e que os soldados gritassem seu grito de batalha. Até mesmo os elefantes deram um adeus ruidoso ao homem cujos ideais eram tão diferentes do conquistador do mundo.

*À direita: Calanos, o gymnosophist indiano (faquir), que seguiu Alexandre, decidiu morrer em uma pira quando o exército chegou a Persépolis em 324 a.C.*

agora lamentando a noite de embriaguez que causara a destruição há seis anos.

## A ADOÇÃO DE COSTUMES PERSAS

Agora Alexandre estava preocupado em conquistar a lealdade da nobreza persa, essencial para administrar o império. Mas as sensibilidades pessoais interferiam nos relacionamentos. Bagoas, seu amante persa, por algum motivo detestava Orsines, o governador aristocrata da Pérsia. Então, Alexandre destituiu Orsines do cargo, o crucificou sem julgamento e o substituiu por Peucestas.

Peucestas, que salvara a vida de Alexandre em Multan, foi um dos poucos macedônios que aprendeu a língua persa. Ele seguiu o exemplo do rei e adotou os costumes persas. Essa era a atitude que Alexandre gostaria que todos os oficiais tivessem, embora a maioria protestasse em copiar hábitos dos bárbaros. Mas o rei pensava no futuro. Em abril de 324 a.C. junto com Nearco e outros amigos em Susa, cujo governador persa havia sido preso por corrupção, ele anunciou, o que talvez fosse seu plano mais ambicioso, referente ao amor em vez da guerra.

## OS CASAMENTOS EM SUSA

Alexandre casou-se com mais duas mulheres, as filhas de Dario e de Artaxerxes III, o antigo grande rei da Pérsia. Tradicionalmente, os reis persas eram ainda mais polígamos do que os reis macedônios. Hefestião casou-se com outra princesa, enquanto oitenta oficiais mais gra-

*Acima: Alexandre vestido como Ares, deus da guerra, pintado em um afresco de Pompeia copiado de uma pintura original helênica, por ocasião de seu casamento com Estatira, filha de Dario III, em 324 a.C.*

duados casaram-se com mulheres persas de alta posição social. Alexandre abençoou oficialmente a união de 10 mil soldados com mulheres asiáticas e lhes deu bons presentes. Os filhos desses casamentos inter-raciais teriam a nacionalidade macedônia e formariam o núcleo de uma classe governante persa-macedônia.

## A REESTRUTURAÇÃO DO EXÉRCITO

Em junho, Alexandre navegou pelo Rio Eufrates com suas tropas até Opis, ao norte. Lá saudou como "sucessores" os 30 mil jovens persas treinados como soldados macedônios, para que se integrassem perfeitamente à divisão de infantaria. Os nobres persas, como o irmão de Roxana, alistaram-se no regimento dos Companheiros, enquanto 10 mil soldados macedônios mais velhos foram dispensados com honras do serviço militar e voltaram para a Macedônia.

Essas mudanças provocaram uma rebelião. "Parta para conquistar seu papai Amon", disseram alguns soldados em tom de desdém, com uma afronta direta a Alexandre. Com ordens de prender e executar 13 dos líderes do motim, Alexandre declarou que eles seriam "pobres mendigos com peles de animais", privados do pai e, em especial, de sua liderança. Depois dispensou o exército inteiro, substituindo os soldados e oficiais por soldados persas.

Chocados, os soldados pediram perdão. A reconciliação foi em meio a lágrimas, seguida de um banquete no qual Alexandre pediu *omonia* (harmonia) entre persas e macedônios. Nessa ocasião, os veteranos já haviam partido. Exatamente como Alexandre queria.

*Abaixo: Quando voltou à Pérsia, Alexandre adotou muitos costumes suntuosos persas para impressionar os súditos asiáticos. O Império Persa enriquecera muito, como este copo grego de ouro indica.*

# O ÚLTIMO ANO
## 323 a.C.

Em agosto de 324 a.C., Alexandre promulgou um édito no qual ordenou que todos os exilados gregos voltassem às suas cidades natais. Esse decreto, anunciado durante os Jogos Olímpicos, apesar de aplaudido, causou grandes problemas na Grécia. Muitos exilados viajavam pelo mundo há anos, com frequência como mercenários. Em geral, não havia mais lugar para eles na Grécia, sobretudo em Atenas. A cidade enfrentava a ameaça do retorno de milhares de *cleruchs*, que haviam se estabelecido como colonos em Samos e iriam reivindicar suas terras. Atenas enviou diversos emissários diplomáticos para mostrar o transtorno que a volta dos exilados iria causar. Porém Alexandre não se interessava mais pelo o que acontecia nas cidades gregas distantes, enquanto circulava pelas grandes capitais do seu império.

Agora, os persas ocupavam postos mais importantes na corte e no exército, na ocasião bem mais orientalizados. Alexandre sentava-se em um trono dourado com um cetro dourado na cabeça; sua tenda era sustentada por pilares dourados; quinhentos soldados Imortais equivaliam em número aos quinhentos Companheiros macedônios; e os porteiros bilíngues, criados e concubinas completavam os membros da corte. Além desses esplendores orientais e de cortesãos persas, muitos gregos, entre eles atores, poetas, secretários, filósofos, engenheiros e médicos faziam parte da corte do novo rei da Ásia.

### A MORTE DE HEFESTIÃO
Quando a corte passava o mês de outubro em Ecbátana, a antiga capital da Media, Hefestião, o vizir de Alexandre e seu substituto imediato no exército, adoeceu e logo

*Acima: Alexandre com um capacete em forma de leão, uma das muitas imagens heroicas feitas após sua morte.*

*Abaixo: Estátua de um touro da Porta de Ishtar na Babilônia, a cidade onde após seu retorno em 323 a.C. Alexandre morreu.*

*Acima: A grande estátua de pedra de um leão erguida em Ecbátana (Hamadan) onde Hefestião, o mais antigo amigo de Alexandre, morreu em 324 a.C. É possível que tenha sido construída em homenagem a Hefestião.*

depois morreu, talvez de tifo. Apesar da paixão da juventude não ter mais o mesmo entusiasmo, além da rivalidade de Bagoas, um amante mais jovem e possivelmente mais atraente, tê-los afastado, Alexandre mergulhou em uma orgia de sofrimento com a morte de Hefestião.

Crucificou o infeliz médico de Hefestião, que se sentindo melhor ignorara a proibição do médico de beber vinho, e se atirou em desespero no cadáver. Raspou a cabeça e cortou as crinas e caudas dos cavalos. (Aquiles, seu herói, também lamentou a morte do amante Pátroco.) Enviou mensageiros a Siuá, o santuário dos deuses Zeus e Amon, seus pais, pedindo conselhos de como poderia homenagear o amigo morto. A resposta foi sucinta: "Como um deus semidivino". Sob as ordens de Alexandre uma pira com um custo exorbitante de 10 mil talentos foi construída na Babilônia e 3 mil concorrentes participaram das competições do funeral. Uma grande estátua de um leão que ainda existe foi erguida fora da cidade de Ecbátana em memória de Hefestião. Depois do funeral e das homenagens, Alexandre buscou consolo em sua atividade preferida: a guerra. Uma campanha realizada no inverno contra os cosseanos, uma tribo primitiva que vivia nas montanhas, foi seu último triunfo.

## O PLANEJAMENTO DA CAMPANHA SEGUINTE

Os reis persas evitavam os verões quentes da Babilônia sempre que possível. Mas quando a temperatura aumentou em 323 a.C., a corte mudou-se para a maior cidade do império. Alexandre decidira que a Ba-

*Abaixo: A entrada triunfal de Alexandre na Babilônia, a capital escolhida de seu império, pintada pelo artista francês Charles Lebrun.*

bilônia seria a principal capital do império, em parte por causa do rio que desembocava no mar e, portanto, um local excelente para o comércio. Ao contrário dos persas, Alexandre sempre valorizou o comércio. Construiu diques nos rios Eufrates e Tigre e um cais enorme na Babilônia.

Alexandre começou a planejar a campanha seguinte, uma mistura de descoberta e conquista, na península arábica, rica em especiarias e ainda praticamente inexplorada. Ele queria comandá-la, mas também planejou uma expedição ao norte para explorar o Mar Cáspio. Emissários de diversos países o cumprimentaram fora dos muros da Babilônia. Alguns eram de Cartago, uma cidade que pretendia conquistar, mas havia também emissários citas, etruscos, celtas, etíopes, líbios e ibéricos. (Roma ainda era muito pequena para participar.) Porém Alexandre ignorou os sacerdotes caldeus, que o aconselharam a não entrar na Babilônia, porque os presságios eram ruins. Ele sabia que os sacerdotes haviam se apropriado fraudulentamente do dinheiro destinado à reconstrução dos grandes templos.

Alexandre também proclamou sua deificação, talvez incentivado pelos emissários das cidades jônicas gregas. Foi um ato pouco comum, mas com precedentes. Lisandro, o general de Esparta, fora deificado, assim como Dio, um político siciliano, e Alexandre há muito tempo se sobressaíra em seus triunfos, em comparação com as realizações de Lisandro e Dio. Nos jantares, Alexandre começou a usar vestes semelhantes às dos deuses, o que chocou algumas pessoas, porém, mais uma vez, não foi uma atitude sem precedentes.

## MORTE NA BABILÔNIA

No entanto, deuses reais não são imortais. Alexandre participou de várias festas em maio, com um consumo tão exagerado de álcool, que precisava de 36 horas de sono para se recuperar. No final do mês, Médio, um nobre da Tessália, organizou uma festa especialmente regada a álcool. Depois da festa, Alexandre adoeceu com uma febre que aos poucos se agravou. Os soldados, preocupados com sua ausência, insistiram em serem recebidos em seu quarto. Ele os cumprimentou apenas com um movimento dos olhos. Três dias depois, em 10 de junho de 323 a.C., Alexandre morreu, pouco antes de completar 33 anos, após um reinado de 12 anos e nove meses.

Logo os boatos de que ele fora envenenado, talvez com estricnina, circularam pelos macedônios revoltados com a orientalização do império. Mas o provável é que tenha morrido de malária, que atacou um organismo muito debilitado pelas guerras, diversos ferimentos e álcool em excesso. A morte de Alexandre surpreendeu o mundo. E quando lhe perguntaram quem o sucederia, ele disse: "O mais forte".

*Abaixo: A tristeza pela morte de Alexandre foi sentida em muitos lugares. Durante muito tempo sua figura semilendária foi lembrada na Ásia, como retratado nesta miniatura de Bukhara, de 1533.*

# O LEGADO DE ALEXANDRE, UM GÊNIO MILITAR

*Acima: De todas as cidades fundadas por Alexandre, nenhuma superou Alexandria, no Egito, uma das cidades mais ricas e sofisticadas do mundo. O enorme farol, cuja luz podia ser vista a 50 quilômetros de distância, foi a construção mais imponente de Alexandria.*

Poucas pessoas tiveram um impacto tão grande na história mundial como Alexandre; poucas suscitaram tantas controvérsias, desde o entusiasmo bajulatório à aversão. Para alguns historiadores do século XX ele foi o precursor grego de tiranos como Hitler, Mao e Stalin. Nas palavras do historiador Ernst Badian, "depois de lutas, maquinações e assassinatos em busca do poder, Alexandre atingiu um pináculo solitário em cima de um abismo, sem nenhuma utilidade para seu poder e com uma segurança inatingível". Segundo outros historiadores mais românticos, Alexandre foi um super-homem cavalheiresco, que difundiu a civilização helênica sem a xenofobia grega. Diante de opiniões tão divergentes, é difícil separar o homem do mito.

## A DISSEMINAÇÃO DO HELENISMO

Uma das realizações importantes de Alexandre é indiscutível: a expansão do mundo grego. "Nós, os gregos, sentamos como sapos ao redor de um lago", disse Platão, em uma alusão ao fato das cidades gregas, apesar da expansão pela região do Mediterrâneo, situarem em geral na costa. Mas depois das conquistas de Alexandre, o helenismo difundiu-se no Oriente e essa explosão cultural teve consequências profundas. Séculos mais tarde, Índia, Ásia Central e China revelaram o impacto dos ideais gregos da forma humana. Embora Alexandre não tenha planejado esse impacto, suas conquistas resultaram na disseminação do helenismo.

Se do ponto de vista político, Alexandre queria fazer uma fusão entre a Macedônia e a Pérsia, uma política inteligente abandonada por seus sucessores, ele manteve sua cultura helênica. Podia usar trajes persas e contratar nobres persas para servi-lo, mas quase não falava persa (ou talvez não soubesse falar). Manteve também

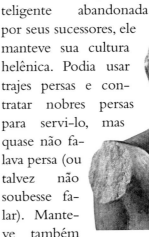

*À direita: Alexandre foi retratado de maneiras diferentes, mesmo improváveis como nesta imagem rústica do deus Pã.*

## A LENDA DE ALEXANDRE

O mito de um super herói invencível logo superou seus defeitos. Seus sucessores, com frequência generais macedônios, inspiraram-se em Alexandre, repetiram seus gestos, mas não conseguiram igualá-lo em seu brilho genial. Ptolomeu I do Egito, por exemplo, cunhou moedas com a efígie de Alexandre como o deus Amon. Os romanos também ficaram obcecados pela lenda de Alexandre.

Júlio César chorou ao ver a estátua de Alexandre e percebeu que, na mesma idade da morte do jovem conquistador, ainda não tinha realizado nada memorável. Pompeu, o rival de César, também imitou Alexandre, tanto em seu estilo de penteado desgrenhado quanto em se intitular o Magno, o Grande.

O imperador Augusto, mais discreto, depois de derrotar Cleópatra VII, a última sucessora de Alexandre, colocou uma coroa de flores no túmulo de Alexandre em Alexandria, em 30 a.C. Em 216 d.C., o imperador louco Caracalla profanou o túmulo de Alexandre e se apossou de sua armadura, que usaria em uma campanha no Oriente. (Caracalla foi assassinado logo depois.) Séculos mais tarde o primeiro imperador do Sacro Império Romano Germânico (768-814), Carlos Magno, copiou sem escrúpulos Alexandre. Mil anos depois, Napoleão I sempre viajava com um retrato de Alexandre. Ele ainda é admirado por seu gênio militar incontestável, o maior da Antiguidade.

---

a religião grega, em sua atitude em relação às cidades e ao comércio. Os persas tinham fundado poucas cidades como bases militares e desconfiavam dos comerciantes. Mas a maioria das cidades fundadas por Alexandre tinha características de uma pólis grega. Alexandre preocupava-se com o comércio, a exemplo da fundação de Alexandria no Egito e outra cidade na foz do Rio Eufrates. À medida que os colonos gregos se instalaram nas cidades da região ocidental da Ásia, o grego passou a ser a língua usada do Mar Egeu à Ásia Central.

Os resultados imediatos das conquistas de Alexandre foram o poder e uma riqueza extraordinária para seus sucessores. Ele gastou 10 mil talentos (dez vezes a renda anual da Atenas clássica em seu auge) no funeral de Hefestião, um símbolo do mundo rico que criara. A escala de suas realizações permaneceu por muito tempo sem igual.

## O EXTREMISMO DE ALEXANDRE

Alexandre era um homem de extremos em quase tudo – na guerra, nas festas, na bebida, nas emoções, no choro fácil – exceto em sexo. Bissexual como tantos gregos, teve pelo menos duas amantes, três esposas e dois amantes do mesmo sexo, mas o prazer que sentia em guerrear superava qualquer atração sexual. Alexandre foi, intrinsecamente, um guerreiro.

*À esquerda: Alexandre retratado como Hélio Cosmocrato, o deus onipotente do Sol, neste medalhão do século I a.C. Alexandre foi o arquétipo do deus-rei, imitado, mas jamais igualado pelos sucessores helênicos e romanos.*

*Acima: O feito mais notável de Alexandre foi a conquista do Império Persa, simbolizado neste capitel com as duas cabeças de touros inclinadas. Mas o projeto visionário de unir a nobreza persa e a macedônia para formar uma nova classe governante desapareceu com sua morte.*

Sua ambição, o desejo (*pothos*) de conquista causou a morte de milhares de pessoas. Se tivesse vivido mais tempo, não governaria o império em paz. "Sua sede de conquista não se saciaria mesmo que anexasse a Ásia e as ilhas britânicas à Europa", escreveu Arriano. "Ao contrário, ele procuraria lugares desconhecidos ainda mais distantes, porque essa era sua natureza... lutar sempre para se superar."

Esse ímpeto homérico era heroico, mas não condizia com o papel de estadista. Os modelos escolhidos – Aquiles, o príncipe belicoso, Héracles, o semideus famoso por sua força, e Dioniso, o deus do vinho – sugerem que Alexandre começara a acreditar em seus mitos. No mundo real, é possível acusá-lo de não ter deixado um herdeiro, de preferência de um casamento na Macedônia, antes de partir para a Ásia. Ou de ser culpado pelo caos que destruiu o império após sua morte, o que poderia ter acontecido muito antes. Da batalha de Grânico ao cerco de Multam, Alexandre arriscou sua vida sem cessar. Teve sorte de viver tanto tempo.

*Abaixo: Uma moeda cunhada com a efígie de Alexandre após sua morte em 323 a.C.*

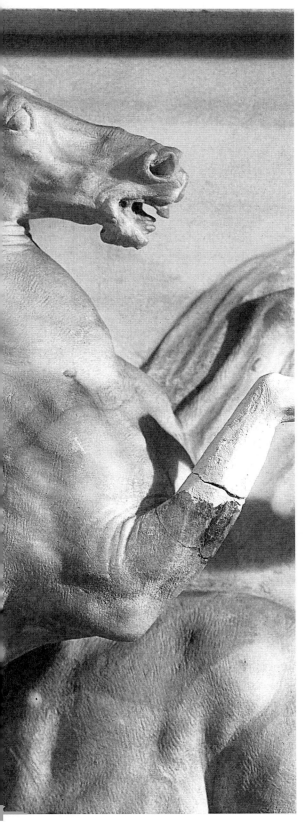

# CAPÍTULO 5
# ARMAS E ARMADURAS
## c.200 a.C–138 d.C.

Embora os gregos da época clássica estivessem com frequência em guerra e que quase todos os cidadãos tivessem servido em algum momento ao exército, em geral, continuaram a ser soldados amadores. As guerras entre as pólis gregas, ou cidades-estado, tinham um envolvimento direto de seus cidadãos, até a chegada dos mercenários. Assim, quando os cidadãos decidiam declarar guerra contra outra cidade, sabiam que estavam expondo a si e às suas famílias ao perigo. Mesmo Esparta, uma cidade-Estado militarista, poucas vezes se envolveu em guerras sem opor resistência.

A estratégia da guerra grega concentrava-se nas tropas dos hoplitas e da infantaria pesada na frente de batalha. Os hoplitas eram recrutados entre os fazendeiros, que tinham recursos para pagar suas armaduras. A divisão de cavalaria recrutada pelos cidadãos ricos tinha uma importância relativa. Os cidadãos mais pobres alistavam-se como tropas irregulares e, em Atenas, ofereciam-se como remadores dos trirremes. (Os escravos eram raramente recrutados como remadores, porque precisavam ser alimentados o ano inteiro.) Os hoplitas e os trirremes foram uma combinação vitoriosa. Eles rechaçaram as invasões dos persas e dos cartagineses a oeste. Mas depois foram superados pelos enormes exércitos profissionais da Macedônia e de monarquias posteriores, com a ênfase na importância da cavalaria, com o uso de elefantes como tan-

*À esquerda: Alexandre, retratado no sarcófago de Sídon, adorava as batalhas. Ele comandou as tropas de cavalaria do exército macedônio.*

ques e catapultas mais possantes. Esses exércitos e monarquias também fabricaram galés maiores. Mas, por fim, não conseguiram resistir ao poder crescente de Roma.

# O HOPLITA
## O ARQUÉTIPO DO SOLDADO GREGO

*Acima: Um efebo ateniense fazendo uma libação. O treinamento militar em Atenas seguiu o mesmo padrão até meados do século IV a.C. No início, o exército ateniense, apesar de alguns sucessos, era amador comparado à sua frota ou ao exército de Esparta.*

Embora os lendários heróis de Homero tivessem lutado em combates individuais com carruagens, o uso destas no campo de batalha não se popularizou na Idade do Bronze da Grécia, em razão da região montanhosa, com poucas planícies. Até mesmo os heróis da *Ilíada* tinham de saltar dos cavalos para lutar a pé. Mas as tropas de infantaria ligeira especializadas na arte das guerrilhas não eram muito importantes.

Durante séculos da história da Grécia, as guerras eram decididas pelas tropas de infantaria pesada. Essas vitórias garantiram o controle das terras férteis em torno das pólis, vitais para a existência da cidade.

O hoplita foi o principal soldado de infantaria da Grécia (do grego *hoplos*, escudo ou couraça). Esses soldados armados com capacete, escudo, couraça, cnêmides, lança e espada, dominaram as batalhas da Grécia em *c.*700 a.C. até a conquista final de Roma no século II d.C. Os hoplitas, o arquétipo do soldado grego, eram recrutados entre fazendeiros de classe média, que tinham de 2-4 hectares a 5-10 hectares de terras, e constituíam em torno de 35% da população da cidade.

## AS ARMADURAS

As armaduras usadas pelos hoplitas nos campos de batalha transformaram-se em uma espécie de uniforme dos soldados de infantaria. No entanto, como cada soldado fornecia sua armadura, de acordo com sua disponibilidade financeira, a diversidade era grande. Em geral, os filhos herdavam as armas em bom estado dos pais. A armadura mais completa de um soldado hoplita foi encontrada em um túmulo em Argos na região do Peloponeso datado de *c.*720 a.C. A armadura que recebeu o nome de "Panoply Grave" tinha uma couraça de bronze, com a parte posterior presa às costas. O peitoral seguia o contorno do corpo, mas o forro que revestia a couraça desaparecera. Mais tarde, as couraças começaram a ser fabricadas com um tecido grosso ou couro, materiais mais baratos do que o metal. Homens importantes como o rei Filipe II tinham couraças de ferro com enfeites dourados.

As grevas feitas de bronze ou ferro e forradas de couro protegiam as pernas do tornozelo ao joelho. Os capacetes aos poucos evoluíram até o padrão "corintiano", que cobria o rosto inteiro, com pequenas aberturas para

# ARMAS E ARMADURAS

*Acima: A disciplina extraordinária dos hoplitas espartanos rechaça o ataque da cavalaria da Tessália. Com um treinamento constante, os espartanos foram durante séculos os melhores hoplitas da Grécia, que se distinguiam pelas túnicas vermelhas e a Lambda (L) nos escudos (de Lacedemônia, nome da cidade-Estado de Esparta).*

os olhos e a boca. Esse tipo de capacete oferecia uma excelente proteção para a cabeça, mas o soldado tinha dificuldade de ouvir as ordens. O novo tipo de capacete "calcídio" tinha aberturas ao redor das orelhas. Todos os capacetes tinham penachos feitos de crina de cavalo para dar a impressão que os hoplitas eram mais altos e imponentes.

Além da armadura para protegê-los, os hoplitas carregavam escudos com cerca de 1 metro de largura e com o peso de pelo menos 9 quilos. Os escudos eram feitos de madeira com revestimento de bronze. Os soldados carregavam o escudo no braço esquerdo, o que deixava o lado direito muito vulnerável e, por esse motivo, o hoplita à direita tinha de manter o mesmo alinhamento (*en taxei*, em grego) de seu companheiro. Havia um treinamento especial para essa formação específica. O resultado era uma forma mais disciplinada, sem o charme das batalhas descritas na *Ilíada*.

## ARMAS

A sarissa com 2,7 metros de comprimento era a principal arma do hoplita. Ele usava também uma espada de 60 centímetros para combates corpo a corpo. As tropas dos hoplitas com oito ou 16 soldados usavam a tática de um ataque agressivo para romper a defesa do inimigo. Caso esse ataque falhasse, eles empurravam os inimigos com golpes de espada no pescoço ou sob as couraças.

*Abaixo: Um hoplita grego e um arqueiro persa recuando de medo depois de ter perdido o arco. A recente vitória dos gregos na batalha de Plateia estimulou o orgulho militar deles, mas os persas eram inimigos temíveis.*

## OS SENHORES DOS CAMPOS DE BATALHA

Os hoplitas experientes dominavam os campos de batalha e não só na Grécia. A derrota dos exércitos persas mais numerosos, como em Maratona (490 a.C.) e Plateia (479 a.C.) pelos hoplitas gregos, mostrou sua supremacia diante da infantaria e da cavalaria persa. Os hoplitas gregos, eram recrutados como mercenários pelos faraós egípcios no século VI a.C. e pelos reis persas depois de 401 a.C., quando o príncipe rebelde Ciro "marchou para o interior do país" com 10 mil mercenários, como relatou Xenofontes no livro *Anabases*.

A falange, a formação padrão dos hoplitas, mudou aos poucos ao longo dos anos. Em versões posteriores criadas por Epaminondas de Tebas na década de 370 a.C. e desenvolvidas por Filipe II da Macedônia (359-336 a.C.), as tropas dos hoplitas chegaram a ter cinquenta soldados, o que causou um impacto muito maior do ataque frontal. O comprimento das lanças também aumentou aos poucos até atingir seis metros, enquanto o escudo diminuiu para 60 centímetros e passou a ser pendurado no pescoço. Na falange macedônia, os hoplitas empunhavam a sarissa com as duas mãos, mas só as primeiras cinco ou seis fileiras de lanças levantavam-se. O resto permanecia na posição vertical, ajudando a proteger o escudo das flechas. O som das lanças balançando-se em massa no ar era assustador. Mas uma falange com muitos soldados não tinha a mesma destreza em campos de batalha com terrenos irregulares. Essa deficiência causou a vitória das legiões romanas mais versáteis na batalha de Cinoscéfalo em 197 a.C., Magnésia em 190 a.C. e Pidna em 168 a.C., que marcaram o fim da participação dos hoplitas nas guerras.

*Abaixo: Imagem de um combate de hoplitas em formação retratado em um vaso coríntio de c. 600 a.C. A "revolução hoplita" transformara há pouco tempo esses soldados de infantaria pesada em figuras vitais nas guerras empreendidas pelos gregos, mas muitas divisões continuaram a ser compostas por milicianos, com exceção de Esparta.*

# A DIVISÃO DE CAVALARIA,
## FUNDEIROS E ARQUEIROS QUE NÃO PERTENCIAM AO EXÉRCITO REGULAR

Aristóteles erroneamente pensava que a cavalaria havia sido a principal divisão do exército grego. Os *hippeis* (cavaleiros) conservaram o alto status social em Atenas, mas a falta de bons pastos impediu que a cavalaria tivesse um papel predominante no exército. Os cavalos eram considerados um símbolo de luxo na sociedade ateniense, ao contrário dos espartanos militaristas, que só usavam os cavalos para transporte dos hoplitas ao campo de batalha. Às vezes, a cavalaria era usada para atacar as tropas de infantaria ou perseguir regimentos derrotados, mas o número de soldados sempre foi pequeno.

Apesar das tropas de cavalaria inferiores às do exército persa, os macedônios derrotaram os persas na grande batalha de Plateia, em 479 a.C. Essa vitória com um dese-

quilíbrio de forças, fortaleceu a ideia dos gregos de que a cavalaria não era importante. Mesmo em Queroneia em 338 a.C., quando Filipe II destruiu os exércitos de Atenas e Tebas, o combate foi travado pelos hoplitas, apesar do ataque violento da divisão de cavalaria de Alexandre. No entanto, em espaços abertos como na Sicília, a cavalaria era muito útil. No cerco de Siracusa (415-413 a.C.), os atenienses sofreram com a falta de soldados de cavalaria, para enfrentar o regimento de cavalaria siciliano.

Na Tessália e na Macedônia, regiões de vastas planícies, a cavalaria exerceu um papel importante nas batalhas, em razão da sobrevivência por mais tempo da aristocracia e da monarquia. Alexandre usou as tropas de cavalaria como a divisão mais agressiva do seu exército (seu "martelo") nas campanhas da Ásia, mas a falange da infantaria continuou a ser a "bigorna" necessária para destruir os persas.

*À esquerda: Alexandre comandava sua divisão de cavalaria, os regimentos ilai com cerca de 300 cavaleiros, quase sempre à frente do exército em uma batalha. Esta estátua triunfal do escultor francês do século XVII, Pierre Puget, mostra o anacronismo da falta de estribos.*

## A FALTA DE ESTRIBOS

Além de outras questões estratégicas, o papel menos importante exercido pela cavalaria na Antiguidade foi causado por um problema técnico: os estribos ainda não haviam sido inventados. O ataque violento de cavaleiros montados em cavalos sem estribo era mais perigoso, em razão do choque do impacto, que poderia desequilibrar o soldado. Entretanto, os cavaleiros da Tessália e da Macedônia usavam longas sarissas feitas de corniso nas batalhas, apesar do equilíbrio mais precário. Esses soldados de cavalaria eram a tropa de choque de Alexandre com uma ofensiva direta, porém as principais vitórias de Alexandre foram contra a cavalaria da Ásia, e não contra os hoplitas gregos. Os cavaleiros experientes aprendiam a apertar com mais força as pernas na barriga do cavalo para ter mais estabilidade. Filipe II aumentou o número de tropas da cavalaria de elite de seiscentos soldados no início de seu reinado em 359 a.C. para cerca de 4 mil no final, pagos pelas suas notáveis conquistas.

*Abaixo: Um arqueiro montado sem arreio em um cavalo retratado nesta gravura da Ática datada de c.520-510 a.C.*

## A CAVALARIA DE ELITE

A cavalaria dos Companheiros de Alexandre dividia-se em três regimentos (*ilaí*) de duzentos soldados comandados por um *ilarch*. O regimento comandado por Alexandre tinha em torno de trezentos soldados, a divisão mais numerosa entre os três regimentos. A formação inovadora triangular tinha duas vantagens: as tropas podiam romper as linhas inimigas e se espalharem nas laterais do campo de batalha, com um aumento expressivo de seu poder ofensivo.

Além das tropas de cavalaria da Macedônia e da Tessália, novecentos batedores peônios a cavalo acompanharam Alexandre nas campanhas da Ásia, em 334 a.C.

## A ARMADURA DAS TROPAS DE CAVALARIA

Segundo Xenofontes, ao escrever em c.380 a.C., um soldado de cavalaria usava uma couraça com uma proteção para as coxas e para o braço esquerdo, e um capacete "beócio", que proporcionava uma ampla visão do campo de batalha. (Em suas obras, Xenofontes mencionou que os soldados usavam dardos em vez de lanças.) Os cavalos em geral não tinham a proteção de armaduras. Alguns cavaleiros do exército persa pertenciam a unidades da cavalaria pesada, como os catafractários comandados por Besso na batalha de Gaugamela em 331 a.C., mas as cavalarias ligeiras eram mais comuns.

## PELTASTAS, FUNDEIROS E ARQUEIROS

Em outro extremo social da cavalaria, os cidadãos que não podiam comprar uma armadura de hoplita serviam em número muito superior nas tropas de infantaria ligeira como os peltastas, que usavam peltas, escudos pequenos de vime cobertos de couro chanfrados em forma de meia-lua para dar mais visibilidade nas batalhas. Pouco protegidos por armaduras, como os soldados trácios, eles lutavam com dardos até a chegada das tropas dos hoplitas, e depois recuavam e, algumas vezes protegiam-se atrás dos escudos dos hoplitas.

A região montanhosa da Grécia era propícia ao uso mais frequente desses soldados, que não pertenciam aos exércitos regulares, mas, na prática, continuaram a ser tropas marginais. Em 426 a.C., o general ateniense Demóstenes viu os peltastas derrotarem os hoplitas na distante Aetólia. Ele adotou a tática desses soldados para destruir 292 hoplitas do exército de Esparta com tropas de infantaria ligeira na ilha de Esfactéria em 425 a.C. Em 390 a.C., outro general ateniense, Ifícrates, derrotou um regimento de seiscentos hoplitas espartanos perto de Corinto, com o ataque dos peltastas. Embora Ifícrates tenha conquistado muito prestígio, essa derrota não afetou o poder de Esparta.

Havia ainda os fundeiros e arqueiros considerados covardes, porque não se aproximavam do inimigo como os hoplitas. Mas no final do século V a.C. os arqueiros de Creta e da Cítia, recrutados pelo exército como mercenários, usavam arcos feitos de osso, chifre, madeira e tendões, com um alcance de tiro de quase 140 metros. Os fundeiros também eram muito usados nas batalhas, em especial os de Rodes por sua perícia. Mais tarde, as ilhas Baleares também forneceram bons fundeiros. A distância de 280 metros que os fundeiros alcançavam com suas armas, maior do que a do arco, além de poderem lançar pedras, barro ou chumbo, este em especial extremamente letal, era importante na tática de combate dos exércitos gregos. Filipe e Alexandre recrutaram muitos fundeiros para lutar em suas tropas.

*Abaixo: As tropas de infantaria ligeira, como os peltastas, exerceram um papel muito importante nas batalhas secundárias a partir do século IV a.C.*

# AMADORES E PROFISSIONAIS
## TREINAMENTO E FORMAÇÃO

Só dois exércitos gregos antes da ascensão da Macedônia poderiam ser chamados de profissionais: o exército de Esparta e, mais tarde, por algumas décadas no século IV a.C., o de Tebas. Os outros exércitos compunham-se de milícias de cidadãos com níveis diferentes de profissionalismo. Dois anos de treinamento militar em tempo parcial era a norma em Atenas e, talvez, em outros lugares. Mas os hoplitas adultos recebiam um longo treinamento para manter a disciplina, *en taxei*, no ginásio local. (Na Suíça, uma moderna democracia com uma semelhança remota com a Grécia clássica, os cidadãos fazem um treinamento militar todos os anos durante algumas semanas.)

*Acima: O capacete dos hoplitas no estilo "corintiano" do período clássico proporcionava uma excelente proteção, mas limitava a visão.*

*Abaixo: Hoplitas lutando em formação cerrada. Os grandes escudos redondos davam uma boa proteção para o soldado à esquerda, mas a lateral direita ficava exposta. Por esse motivo, o treinamento para manter o alinhamento das tropas era tão importante. Os hoplitas espartanos eram os melhores nessa arte da disciplina.*

### EFEBOS

No século IV a.C., o treinamento de jovens cidadãos atenienses padronizou-se. Os efebos, jovens de 18 a 20 anos, eram recrutados para serem treinados por dez *sophronistai* (treinadores), um para cada tribo. Um *kosmetes* (marechal) eleito pela Assembleia os supervisionava. Os efebos trabalhavam como sentinelas durante um ano no porto de Pireu e em outros locais da costa, onde aprendiam a atirar com arco e flecha, a arremessar dardos, a usar a artilharia rudimentar e a lutar em formação militar. Os efebos de cada tribo comiam juntos nas casernas. No final do ano se apresentavam à Assembleia, onde exibiam orgulhosos suas novas habilidades.

> **A DISCIPLINA ESPARTANA**
>
> Os espartanos eram os únicos soldados de infantaria profissionais antes do reinado de Filipe II. Xenofontes, o ateniense que vivia em Lacedemônia, fez um relato entusiástico da *askesis* (disciplina) espartana. Essa disciplina era ensinada na infância e continuava ao longo da vida, um privilégio que nenhuma cidade tinha, em razão de Esparta ter *hilotas*, escravos que trabalhavam nas fazendas. Xenofontes elogiou a maneira como os hoplitas espartanos, se suas fileiras se rompessem, refaziam a formação rapidamente e avançavam em colunas para fazer um ataque repentino frontal ou nos flancos. Tucídides, mais crítico, admirava o sistema eficiente de transmitir ordens do comandante ao pelotão.

Atenas tinha cerca de 30 mil hoplitas em meados do século V a.C., mas esses soldados não eram excelentes profissionais, como comprovado nas derrotas na batalha de Délio pelos tebanos em 424 a.C. e na batalha de Crannon, em 322 a.C. pelos macedônios.

## A FORÇA NAVAL

A Marinha ateniense era a força profissional da cidade no período clássico. Apesar de ter sido criada só em 483 a.C. a pedido de Temístocles, a tripulação com um treinamento ainda incipiente rechaçou o ataque da frota persa em Salamina em 480 a.C., e logo depois ficou extremamente profissional. Na época da vitória na batalha de Eurimedonte em 467 a.C., Atenas detinha a supremacia naval na região oriental do Mediterrâneo. Os 170 remadores de cada trirreme, recrutados entre os cidadãos mais pobres de Atenas e de outras cidades, eram competentes e serviam sob as ordens de *trierarchs* (capitães) profissionais e timoneiros.

A eficiência das frotas de trirremes atenienses foi demonstrada na impressionante vitória do *strategos* Phormion contra as tropas peloponenses mais numerosas em 429 a.C. no golfo de Corinto. Os atenienses cercaram os navios inimigos com arcos apontados para eles. Em seguida, se aproximaram aos poucos até que os remos dos inimigos entrelaçaram-se. A talassocracia ateniense manteve-se incontestável até a derrota catastrófica na Sicília em 413 a.C., quando perdeu quase trezentos navios e a tripulação bem treinada. Mas os trirremes, com um espaço limitado e inadequado para navegar em alto-mar, precisavam ser arrastados para a costa quase todas as noites.

*Abaixo: Nem sempre o serviço militar consistia em combates e treinamento. Esta ilustração mostra dois hoplitas jogando keritizein, uma espécie de hóquei, com lanças.*

## A ESTRUTURA DO EXÉRCITO DE ESPARTA

Segundo Xenofontes, cada divisão do exército de Esparta, mesmo pequena, tinha um oficial. A unidade básica compunha-se do *enomotia* de 36 soldados, sendo que quatro formavam um *lochos* (grupo) de 144 soldados comandados por um *lochagos*. Quatro *lochoi* constituíam uma divisão sob o comando de um *polemarch* (guerreiro), com seis divisões no corpo do exército. Como havia poucos espartanos no século IV, o exército era complementado por aliados peloponenses. Durante a marcha, cada soldado espartano era acompanhado de um *helot*, que carregava seu suprimento de cevada, queijo, cebolas e carne salgada. Os gregos, ao contrário dos romanos, não faziam sempre os acampamentos nos fortes.

## O BATALHÃO SAGRADO DE TEBAS

Embora não se saiba muitos detalhes de Tebas, os hoplitas bem treinados eram conhecidos. Em 479 a.C., na batalha de Plateia, os tebanos que lutavam ao lado dos persas, resistiram com bravura ao exército grego, até a morte da elite do Batalhão Sagrado.

Depois da libertação de Tebas do domínio de Esparta em 378 a.C., o grande general Epaminondas reorganizou o exército de Tebas, e aproveitando-se do patriotismo tebano, transformou-o em uma força de soldados excelentes. Em uma de suas táticas militares, o general aumentou a profundidade da falange para cinquenta soldados na ala esquerda tradicionalmente mais fraca, um golpe de gênio que causou a derrota dos espartanos na batalha de Leuctra, em 371 a.C. e em diversos combates posteriores.

O general Epaminondas também reorganizou o Batalhão Sagrado, com 150 amantes homossexuais ligados por laços de vida ou morte, que se distinguiram como os melhores soldados da Grécia. Porém não se sabe se ele reformulou o armamento do exército, com o uso de um escudo menor preso ao pescoço como os macedônios usaram mais tarde.

*Abaixo: A disciplina espartana atingiu o auge na batalha de Termópilas em 480 a.C., quando o general Leônidas e trezentos soldados lutaram contra o exército persa, uma cena que inspirou o quadro do artista francês Jacques-Louis David 2.400 anos mais tarde.*

# EMBARCAÇÕES DE GUERRA GREGAS
## QUINQUIRREMES E TRIRREMES

*Acima: Os quinquerremes foram as grandes galés usadas a partir do século IV a.C. pelos macedônios e mais tarde pelos generais romanos até a batalha de Ácio, em 31 a.C.*

*Abaixo: Em uma batalha, as velas eram retiradas dos mastros das galés, porque os trirremes usavam remos para se aproximarem das embarcações inimigas.*

Todas as embarcações de guerra gregas, assim como as da região do Mediterrâneo até 1600 d.C., eram galés. As galés transportavam velas para viagens, mas a característica da guerra naval exigia um grande número de remadores nas batalhas. Na ausência de uma artilharia eficaz, os combates consistiam em se aproximar do inimigo, golpeá-lo ou embarcar em sua galé. Para isso, era preciso que os barcos tivessem uma concentração de força para imprimir velocidade, que só uma grande quantidade de tripulantes poderia proporcionar. Em um trirreme (o arquétipo da galé grega), 170 dos 200 tripulantes eram remadores, cerca de 15 eram soldados e os restantes marinheiros.

## QUINQUERREMES E BIRREMES

As galés mais antigas, que copiaram os modelos dos fenícios tinham cinquenta remadores. Esse foi o tipo de embarcação, descrito por Homero, na qual Ulisses fez sua viagem e naufragou. Construídos com madeira de pinheiro e com remos de abeto, os quinquerremes tinham mastros removíveis encaixados na quilha. Eles eram impulsionados por remos colocados na popa da embarcação e tinham aríetes revestidos de bronze na proa para atacar as embarcações inimigas. O leme não havia ainda sido inventado. Como

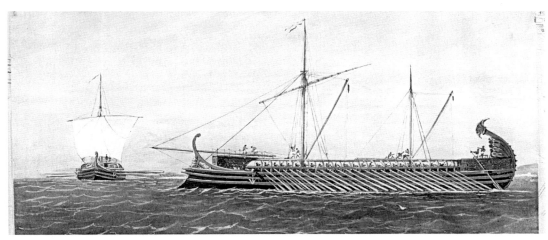

*Acima: Uma visão impressionante de um trirreme em alta velocidade com a vela enfunada e os remos a postos. A embarcação tinha três níveis de remadores de cada lado.*

os bancos ao ar livre eram desconfortáveis e as galés transportavam pouca água, as embarcações eram puxadas para terra firme à noite e durante o inverno. Os fenícios acrescentaram uma segunda ordem de remos para construir birremes mais rápidos.

## TRIRREMES E GALÉS MAIORES

Em meados do século VI a.C., os birremes foram superados pelos trirremes com três ordens de remos, a mais alta apoiada em um suporte de toleteira. Um trirreme padrão ateniense tinha cerca de 4,5 metros de comprimento e aproximadamente 5,5 metros de largura no nível da toleteira. Os remos tinham em torno de 4,5 metros de comprimento. Havia 27 remadores em cada lado do nível mais baixo, cujos remos enfiavam-se em vigias próximas à água, e 27 remadores na ordem do meio. Na terceira ordem os 31 homens remavam com os remos apoiados nas cavilhas de ferro ou madeira, encaixadas nas toleteiras. Os remadores espremiam-se dentro do casco da embarcação. O nariz do remador das fileiras inferiores ficava próximo às nádegas do remador à sua frente e acima. (O cheiro foi comentado por Aristófanes, o escritor de peças satíricas.) Cada trirreme tinha duas âncoras na proa e dois remos com a função de leme na popa.

Os trirremes dominaram a guerra naval até a construção dos quinquerremes em meados do século IV a.C. Essas embarcações tinham cinco homens em cada remo.

Existiam também galés maiores com dez, 12 e até quarenta homens em cada remo. Mas essas galés pesadas e de difícil manejo não foram usadas por muito tempo. Depois que o Império Romano derrotou Cleópatra e destruiu grande parte dos navios de Marco Antônio em Ácio, os birremes voltaram a ser as embarcações mais usadas no Mar Mediterrâneo.

## AS TÁTICAS DE BATALHA

O flautista era um membro essencial da tripulação, que marcava o ritmo dos remadores com sua música. O movimento cadenciado dos remos exigia muita prática, mas uma tripulação bem treinada criava uma máquina de guerra poderosa. Os trirremes podiam atingir a velocidade máxima de 24 quilômetros por hora em pequenas distâncias, com uma aceleração muito rápida. A velocidade de cruzeiro reduzia-se à metade, porém era possível mantê-la o dia inteiro. Como o aríete de bronze era a principal arma das galés no período clássico, a tática preferida dos atenienses consistia em se aproximar do trirreme inimigo, com os remos do lado exposto para que o aríete na proa quebrasse os remos do inimigo. Em outra tática, o trirreme ultrapassava a embarcação inimiga, fazia uma curva rápida e atacava com o aríete na popa vulnerável. Os rodienses, os melhores marinheiros gregos depois de 322 a.C., aperfeiçoaram essa tática. Com os remos da parte da frente, eles abaixavam a proa e o aríete avariava o casco da embarcação inimiga abaixo da linha de flutuação, seu ponto mais vulnerável.

Todas essas táticas exigiam uma tripulação extremamente profissional. Só Atenas com 350 trirremes em sua frota regular em 431 a.C, tinha condições de manter uma tripulação bem treinada. Mais tarde, quando os sucessores de Alexandre investiram em enormes frotas de navios pesados, as galés transformaram-se em plataformas flutuantes para catapultas e soldados.

## OLÍMPIA

Em 1987, a Marinha da Grécia construiu o primeiro trirreme moderno chamado *Olímpia*, em homenagem à mãe de Alexandre. A construção bem-sucedida, o lançamento ao mar e a navegação dessa galé respondeu a algumas perguntas que intrigavam os historiadores como, por exemplo, se todos os remos *tinham* o mesmo comprimento. Mas, apesar de uma tripulação de jovens atletas universitários, na maioria ingleses, o *Olímpia* não solucionou todas as incógnitas. O trirreme não alcançou as velocidades esperadas, apesar dos esforços heroicos dos remadores. Os problemas de comunicação só foram resolvidos com a transmissão das ordens por eletricidade para os níveis mais baixos de remadores. (Como isso era impossível na antiga Grécia, existiriam, é claro, outras maneiras de transmitir ordens.)

Além disso, os 170 remadores tinham de cantar para marcar o ritmo das remadas o que, sem dúvida, não era a forma usada pelos gregos. O comandante do trirreme não poderia dar ordens com os remadores cantando. Os remadores da ordem inferior sentiram tanta sede, que beberam a água toda que havia a bordo e foi preciso trazer mais. Todos esses problemas sugeriram que por mais esplêndido que o *Olímpia* fosse, não solucionou os mistérios a respeito dos trirremes.

*Abaixo: O Olímpia, a única réplica de uma antiga galé construída e navegada. Sua precisão é discutível, porque era uma embarcação lenta e extremamente pesada para remar.*

# CATAPULTAS E TORRES DE CERCO
# MÁQUINAS DE GUERRA PESADAS

*Acima: Demétrio I, rei da Macedônia de 317-288 a.C., ganhou o epíteto de Poliorcetes (o Sitiador) por suas enormes torres de cerco de sete andares. Mas mesmo com essas armas gigantescas ele fracassou em sua tentativa de conquistar a cidade de Rodes e abandonou no local a torre que usou no longo cerco, em 304 a.C.*

Até a descoberta da pólvora no século XIV d.C., as catapultas eram as armas mais poderosas de qualquer exército. (*Catapulta* é uma palavra de origem grega que significa arremessar.) Mas na captura das cidades as torres de cerco eram mais eficazes. No século IV a.C. essas torres eram gigantescas, o que alterava a relação entre o atacante e o defensor nos cercos. A partir dessa época, nenhuma cidade poderia se considerar inexpugnável. Embora os assírios tivessem usado catapultas no século VII a.C., o pioneiro no uso de catapultas foi Dionísio I de Siracusa, que criou laboratórios de guerra para seu grande ataque a Cartago em 397 a.C.

## CATAPULTAS SEM TORÇÃO

Havia dois tipos de catapulta, sem e com torção. A primeira tinha um braço lançador em curva pesado, que precisava ser acionado por uma grande força muscular ou por catracas. As primeiras catapultas eram arcos

*Abaixo: Soldados atacando uma cidade. Estas cenas são originárias do monumento funerário de uma das nereidas e, por esse motivo, os soldados estão nus. Os soldados gregos usavam sempre armaduras nos combates.*

de grandes dimensões chamados de *gastraphetes* (no sentido literal "arco de estômago", porque a empunhadura apoiava-se no estômago), com uma espécie de alavanca que acionava os mecanismos. Havia, é claro, limites óbvios para que homens fortes conseguissem arrastá-las. Mas quando instaladas em um estrado e com o uso de um guincho para puxar a corda, os arcos enormes (feitos de chifre, madeira e tendões) eram armas muito poderosas. As catapultas podiam arremessar dardos, até dois ao mesmo tempo, a 182 metros, uma distância muito maior do que os arcos comuns.

Essas catapultas colocadas em cima das torres de cerco mantinham os defensores das cidades encurralados em suas muralhas, como aconteceu em Motia na Sicília. Mas os habitantes das cidades também podiam instalar catapultas nas muralhas para atirar nos atacantes, como no cerco épico de Alexandre em Tiro, no ano 332 a.C. Onomarco de Fócis usou catapultas sem torção para repelir o ataque de Filipe II, uma derrota pouco comum, que ensinou a Filipe o valor dessas armas. Outros governantes macedônios e mais tarde os romanos usaram com frequência esses arcos gigantescos mesmo no campo de batalha. No entanto, eram armas caras. Quando o rei Arquídamo II, rei de Esparta, viu uma catapulta ficou tão surpreso que exclamou: "Por Héracles, agora a coragem do ser humano pertence ao passado!"

## CATAPULTAS DE TORÇÃO

O excelente engenheiro de Filipe, Poleidos da Tessália, criou as verdadeiras catapultas de torção, provavelmente só depois de 340 a.C., quando Filipe fracassou em sua tentativa de conquistar as cidades de Bizâncio e Selímbria. A força dessas catapultas originava-se das molas (*tonoi*) feitas com tendões de animais, cabelos, ou materiais semelhan-

*Abaixo: Nas táticas de cerco e outros assuntos, os romanos foram os herdeiros diretos dos reis helênicos, com o uso de catapultas para atirar pedras pesadas em grandes distâncias.*

tes e resistentes. O potencial das catapultas de torção era muito maior e podiam atirar dardos ou pedras com o peso de 82 quilos, pelo menos duas vezes mais longe do que as catapultas sem torção.

Essas armas podiam derrubar muralhas e edificações, além de jogar material inflamável dentro das cidades. Alexandre usou essa catapulta pela primeira vez para destruir Halicarnasso em 334 a.C., e em Tiro e Gaza dois anos depois. Mas a conquista de Tiro, considerada inexpugnável por causa de suas muralhas altas e por se situar em uma ilha distante da costa, foi resultado, sobretudo, das torres de cerco.

## TORRES DE CERCO

Mais uma vez, Dionísio de Siracusa, cujos recursos militares excediam aos de qualquer pólis grega, foi o primeiro a usar grandes torres de cerco na conquista da cidade de Motia. Essas torres tinham seis andares de altura e moviam-se sobre rodas. As catapultas e os arqueiros nos andares superiores atacavam os sitiados protegidos pelas ameias, e com os aríetes nos andares inferiores destruíam as muralhas da cidade.

Alexandre construiu torres ainda mais altas, com cerca de 37 metros, portanto, mais altas do que as muralhas de Tiro para capturar a cidade em 332 a.C. As torres eram cobertas com peles de carneiro para protegê-las dos projéteis inimigos. Havia pontes levadiças em cada andar, que davam passagem aos soldados, aríetes em diversos níveis e um perfurador com um cabo de ferro na base para furar as muralhas. Essas torres chamavam-se, com muita propriedade, de *helepolis* (cidade destruidora).

Depois da morte de Alexandre, seus sucessores tentaram ostensivamente superá-lo na construção de torres de cerco, assim como em outras realizações. Demétrio I, rei da Macedônia, apelidado de Poliorcetes (o Sitiador), um dos sucessores mais exibicionistas de Alexandre, fez grandes inovações nas torres de cerco.

Em seu ataque fracassado à cidade de Rodes em 304 a.C., Demétrio I usou uma *helepolis* projetada por Epímaco, um ateniense. A torre tinha cerca de 45 metros de altura e uma base quadrada de 21 metros. A superfície era coberta com lâminas de ferro para protegê-las dos projéteis. A torre tinha nove andares, escadas gêmeas e muitas catapultas. Três mil e quatrocentos soldados empurravam a torre sobre rodas em movimentos laterais, para frente e para trás.

Apesar das dimensões gigantescas, a *helepolis* de Demétrio não conseguiu capturar Rodes, em parte porque os rodienses desviaram a tubulação de esgoto para a torre, que, por fim, afundou no lodo. Demétrio desistiu do cerco e de sua máquina de guerra gigantesca. Os rodienses venderam os restos da torre e com o dinheiro construíram a grande estátua de Hélio, o deus do Sol. Mais tarde, as torres diminuíram de tamanho e ficaram de difícil manejo.

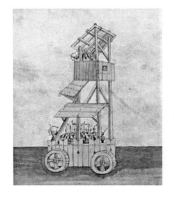

*À direita: As torres móveis, que permitiam aos atacantes alcançar a parte superior das muralhas, foram usadas na Idade Média, com características muito parecidas às torres da Antiguidade. Ilustração do livro* De Machinis Bellicis *publicado em 1449.*

# AS ARMAS DOS GREGOS
## ELEFANTES E ARQUIMEDES

Além de armas convencionais e óbvias, os gregos e os macedônios às vezes criavam novas táticas de guerra, embora em geral menos eficazes. Uma delas foi o uso do elefante, um animal gigantesco e atípico como arma de guerra e, por isso, apelidado de "tanque da Antiguidade", apesar de muito menos confiável do que a maioria dos tanques. Em outro extremo havia as armas sofisticadas de Arquimedes, um dos mais notáveis cientistas gregos, inventadas para a defesa de Siracusa em 212 a.C. Mas, por fim, nenhuma delas foi muito eficiente.

### O USO DE ELEFANTES
Os gregos e os macedônios desconheciam a existência de elefantes até o momento em que Dario III, em sua tentativa desesperada de mobilizar os recursos do Império Persa para repelir a ofensiva de Alexandre, colocou 15 elefantes no meio das tropas persas na batalha de Gaugamela, em 331 a.C. O objetivo era assustar a cavalaria e a infantaria do exército macedônio, com o cheiro dos elefantes. Alexandre, no entanto, evitou-os com seu ataque em diagonal. Na segunda vez em que os encontrou, a situação era mais perigosa. Na batalha do Rio

*À esquerda: O parafuso de Arquimedes, um tipo de máquina hidráulica, foi a invenção mais prática de Arquimedes, essencial para o sistema de irrigação agrícola. Nesta ilustração, vemos a escultura de um agricultor do norte da África usando a bomba de parafuso para irrigar seu vinhedo.*

*Abaixo: Arquimedes inventou os grandes espelhos para projetar os raios do sol nos navios romanos, que sitiaram Siracusa em 212 a.C. As tentativas de imitar essa arma secreta não foram bem-sucedidas, mas Arquimedes inventou guindastes e catapultas de uma criatividade extraordinária para a defesa de sua cidade.*

*Acima: Um soldado romano, ao encontrar Arquimedes trabalhando durante a captura de Siracusa, por não reconhecê-lo, matou-o em desobediência às ordens de Marcelo, o comandante romano. O fortalecimento do sistema de defesa de Siracusa tornou a cidade quase inexpugnável.*

Hidaspes em 326 a.C., Poro, o rajá de Pauravas, tinha 85 elefantes na linha de frente do exército, mas a infantaria macedônia abriu espaço para que passassem sem causar problemas. Porém a visão dos elefantes impressionou tanto Alexandre, que decidiu criar uma tropa com esses animais. Os elefantes foram enviados para a Pérsia por um caminho de fácil acesso, onde fariam parte de sua corte oriental imponente.

Poucos anos após a morte de Alexandre, os elefantes indianos foram incorporados aos exércitos das dinastias macedônias. Os elefantes carregavam nos assentos em seu dorso arqueiros, sinos e armaduras. Em 305 a.C., Seleuco I cedeu suas províncias na Índia para o imperador Chandragupta da dinastia máuria em troca de (supostamente) quinhentos elefantes. Com essa tropa imensa de elefantes ele derrotou seu principal rival Antígono I na batalha de Ipso, em 301 a.C., o que confirmou o futuro de sua dinastia e, como tudo indicou, a importância dos elefantes.

Os selêucidas tinham uma fazenda para criação de elefantes fora das muralhas da capital Antioquia na Síria. Os governantes ptolemaicos no Egito, seus grandes rivais, capturaram e treinaram "elefantes da floresta" do norte da África para competir com os selêucidas. Esses elefantes descendiam do elefante africano já extinto.

De menor porte, os elefantes podiam ser montados como cavalos e não eram tão eficazes como os elefantes indianos. Esses foram os elefantes com os quais Aníbal atravessou os Alpes.

## AS INVENÇÕES DE ARQUIMEDES

Siracusa, a maior cidade grega do Ocidente, aliou-se a Roma no reinado de Herão II de Siracusa (265-215 a.C.) e usufruiu de um período de grande prosperidade. Mas seus sucessores imprudentemente repudiaram a aliança depois da terceira vitória esmagadora de Aníbal na batalha de Canas. Os romanos, alarmados, enviaram um exército comandado por Marco Cláudio Marcelo para conquistar a cidade.

As imponentes muralhas de Siracusa tinham o apoio de uma das mais extraordinárias armas inventada por seu ilustre morador, o matemático e cientista Arquimedes (287-212 a.C.). Quando os quinquerremes romanos tentaram atacar Siracusa com torres de cerco flutuantes posicionadas ao lado do acesso ao mar da cidade, os projéteis lançados pelas catapultas através das pequenas aberturas nas muralhas os forçaram a recuar. Mais tarde, os habitantes da cidade enfrentaram o ataque à noite dos romanos com guindastes gigantescos escondidos atrás das muralhas, que jogavam pedras enormes nas galés romanas ou as agarravam pela proa para afundá-las. Por fim, Marcelo foi obrigado a capturar a cidade agindo com dissimulação, uma maneira que Roma não gostava.

### UMA ARMA DE DOIS GUMES

Os elefantes eram uma arma de dois gumes. Apesar de aterrorizantes quando avançavam em massa, eles tinham a tendência de atacar às cegas e causar tanto dano em meio às suas tropas quanto o inimigo na batalha. Mais tarde, os estrategistas bélicos criaram maneiras de neutralizar o avanço maciço e a força dos elefantes. No cerco de Mantinea em 312 a.C., pregos fortes e grandes escondidos pelos sitiados embaixo da terra entraram nas patas dos animais com um efeito devastador. Os elefantes, na verdade, eram mais um símbolo de prestígio do que de eficiência. Na última grande batalha em que foram usados, quando o exército selêucida enfrentou os romanos em Magnésia em 190 a.C., eles feriram mais os macedônios do que os romanos. Logo depois, os romanos cortaram os tendões dos elefantes do exército selêucida na fazenda de criação, o que terminou com o suprimento dos selêucidas.

*À direita: Depois que Selêucio I obteve elefantes em troca da cessão de suas terras na Índia, os elefantes ficaram super valorizados como armas de guerra. Mas, na realidade, embora o ataque em massa fosse assustador, eram difíceis de controlar durante as batalhas e tinham a tendência de atacar as tropas aliadas.*

# CAPÍTULO 6

# DE ALEXANDRE A ADRIANO

## 323 a.C. – 138 d.C.

A morte repentina de Alexandre sem deixar um herdeiro mergulhou o império no caos. Sua morte também encerrou o sonho da unidade da Pérsia e da Macedônia. Os grandes reinos que surgiram em consequência das guerras dos Diádocos (sucessores) eram chamados de helenísticos, porque em sua essência eram helênicos (gregos) em sua cultura e política. Mas os governantes eram macedônios. Apesar de poucos reinos terem sobrevivido por muito tempo, a hegemonia da cultura grega predominou em lugares tão distantes como a Índia. O luxo e a grandiosidade simbolizados pela enorme estátua do Colosso de Rodes marcaram essa época. O comércio expandiu-se pelo novo mundo, enquanto as mulheres conquistavam mais liberdade. Por fim, o poder de Roma absorveu o mundo grego.

Uma mulher personificou essa época gloriosa e sua transição: Cleópatra VII, a última rainha helênica do Egito. Com sua morte em 30 a.C. os romanos passaram a controlar o mundo grego, já semidestruído pelas guerras. A *Pax Romana*, o longo período de paz que se seguiu, permitiu que as cidades gregas se recuperassem, enquanto os romanos adotaram e difundiram a cultura grega. Esse processo atingiu o auge com o imperador fileleno Adriano (117-138 d.C.).

*À esquerda: O Colosso de Rodes, a enorme estátua do rei Sol que ruiu durante um terremoto, pintada por Louis de Caulery c.1580-1622.*

# AS GUERRAS DOS SUCESSORES
## 323-275 a.C.

Ao lhe perguntarem em seu leito de morte em junho de 323 a.C. quem seria seu herdeiro, Alexandre respondeu: "O mais forte". Esse desejo previu a luta dos generais macedônios logo depois de sua morte pelo controle do império. No entanto, havia dois possíveis herdeiros macedônios de sangue real, preferidos pelo exército: o meio-irmão com problemas mentais de Alexandre, Arrideu (que assumiu o trono como Filipe III) e o filho de Roxana, Alexandre IV, nascido em setembro. Se Hefestião, o grão-vizir e um dos amigos mais antigos de Alexandre, estivesse vivo, o filho de Roxana teria sobrevivido. Mas os dois foram vítimas dos generais guerreiros (os Diádocos).

No início, todos os concorrentes declararam-se a favor de um império unido sob dois reis, que reinavam, mas não governavam o império. A princípio três homens dominaram a cena. Pérdicas, o segundo comandante de Alexandre; Antípatro, o antigo general nomeado vice-rei da Macedônia; e Crátero, comandante dos soldados veteranos macedônios dispensados do serviço militar. Pérdicas, no papel de regente na Babilônia, leu o que dizia ser a última vontade de Alexandre para o exército.

O texto do documento incluía planos megalomaníacos de guerra contra Cartago, construção de templos grandiosos e transferência maciça da população entre a Europa e a Ásia. Como previsível, esses projetos foram rejeitados por unanimidade.

Ptolomeu, um dos amigos de infância de Alexandre, foi nomeado governador do Egito, ao qual anexou a Cirenaica (leste da Líbia). Antípatro, que destruiu as cidades gregas na guerra Lamiaca em 332 a.C., foi escolhido como tutor dos jovens reis, o que criou um poder macedônio herdado pelo filho Cassandro após sua morte. Na Ásia Central, a revolta dos colonos que

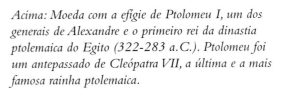

*Acima: Moeda com a efígie de Ptolomeu I, um dos generais de Alexandre e o primeiro rei da dinastia ptolemaica do Egito (322-283 a.C.). Ptolomeu foi um antepassado de Cleópatra VII, a última e a mais famosa rainha ptolemaica.*

*Abaixo: Seleuco I, fundador do império selêucida, que se estendia da região do Mar Egeu a Hindu Kush. Seleuco casara-se com uma esposa persa e, portanto, todos os reis selêucidas tinham sangue persa.*

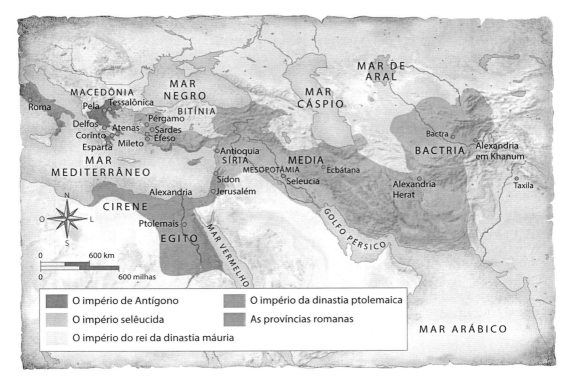

*Acima: Os sucessores de Alexandre dividiram o império macedônio poderoso em reinos de tamanhos desiguais e em guerras constantes.*

queriam voltar para o país natal foi reprimida. Antígono I, governador da Frígia (região central da Ásia Menor), estendeu seu poder em direção ao sul. Em 316 a.C., Antígono I transformou-se no governante mais poderoso da Ásia com a ajuda do filho Demétrio. Mas guerras intermináveis limitaram suas conquistas à região ocidental da Ásia, apesar dos cercos brilhantes de Demétrio, que construiu torres de cerco gigantescas para atacar Chipre e Rodes. Nesse ínterim, Lisímaco conquistou um reino na Trácia e no norte da Ásia Menor.

## A ASCENSÃO DE SELEUCO

Em 312 a.C., Seleuco, um antigo comandante da infantaria do exército de Alexandre, foi nomeado governador da Babilônia e de todas as terras a leste. Depois que um dos reis, Alexandre IV, o último descendente da família de Alexandre, foi assassinado por Cassandro em 311 a.C., Antígono assumiu o título de rei, seguido mais tarde por Ptolomeu e Seleuco.

Em 303 a.C., Seleuco cedeu suas províncias na Índia ao rei Chandragupta da dinastia máuria em troca de quinhentos elefantes treinados para a guerra. Aliou-se a Lisímaco, e com o reforço dos elefantes derrotou e matou Antígono na batalha de Ipso em 301 a.C., na qual havia 75 mil soldados de cada lado, e com isso conquistou o título de Nicator (o Vitorioso). Em todos esses conflitos, os soldados macedônios permaneceram fiéis aos generais, enquanto as populações nativas sofriam em silêncio durante a passagem dos generais com seus exércitos, sem diferença se eram macedônios ou persas.

Ao eliminar o único possível elemento de união do império de Alexandre, a batalha de Ipso resultou na criação de quatro reinos distintos: o do rei Ptolomeu I no Egito e no sul da Síria; de Cassandro sempre em conflito com o domínio da Macedônia e de partes da Grécia; de Lisímaco com a expansão de seu poder para a Trácia e Ásia Menor; e de Seleuco com um império poderoso, que se estendia do mar Egeu à Ásia Central. A expansão do poder de Lisímaco provocou a guerra seguinte. Em 281 a.C., depois da derrota e morte de Lisímaco por Seleuco, seu reino foi destruído. Por sua vez, após o assassinato de Seleuco em 280 a.C., seu filho Antíoco I manteve o poder na nova capital em Antioquia no norte da Síria.

Nesse ínterim, as cidades-estado da Grécia, dominadas pela Macedônia, alternavam períodos de liberdade e sujeição ao império macedônio. Para fortalecer seu domínio, a Macedônia instalou tropas nas quatro "correntes da Grécia": Corinto, Pireu, Calcídica em Eubeia e Demetrias na Tessália. Em geral, a Macedônia favorecia as oligarquias, mas aos poucos a distinção entre democracia e oligarquia diminuiu. Todas as antigas cidades-estado tinham um poderio militar inferior ao dos novos reinos.

## A CHEGADA DOS GAULESES

No entanto, ninguém estava preparado para o impacto da chegada dos gauleses. Esses invasores celtas selvagens invadiram a Grécia em c.280 a.C. e ameaçaram Delfos, o santuário sagrado grego. Antígono II, rei da Macedônia e neto de Antípatro e Antígono I, rechaçou triunfante o ataque dos gauleses em 278 a.C. e consolidou sua posição geopolítica, além de conquistar a gratidão de alguns gregos.

Ao atravessarem a Ásia, os gauleses foram derrotados pelo rei selêucida Antíoco I em 275 a.C. Mas lhes permitiram viver na região central da Ásia Menor em uma área posteriormente chamada Galácia, em razão da ocupação gaulesa.

## O EQUILÍBRIO DE PODER

As batalhas confirmaram o novo equilíbrio de poder na Ásia. O reino da dinastia ptolemaica baseado no Egito, com domínios na Síria e nas ilhas do Mar Egeu, era o mais rico e estável. A Macedônia, o menor reino do antigo império de Alexandre, tinha excelentes soldados e o antigo prestígio da coroa macedônia, enquanto o poderoso império selêucida tentou por várias vezes recriar o império de Alexandre, um projeto é claro irrealizável. A guerra, no entanto, era constante e a demarcação de fronteiras continuou muito fluida.

*À direita: A Vitória de Samotrácia, uma das mais belas estátuas do período helênico clássico, provavelmente foi esculpida sob encomenda para comemorar uma vitória de Antígono II, rei da Macedônia, em c.250 a.C.*

# OS FARAÓS GREGOS PTOLEMAICOS DO EGITO

## 322-200 a.C.

Ptolomeu observara o potencial do Egito quando Alexandre o anexou ao império macedônio em 332 a.C. A satrapia mais rica do Império Persa depois da Babilônia, o Egito era uma nação diferente, que se defendia atrás de seus desertos. Quando Ptolomeu foi nomeado governador do Egito em 322 a.C., dissimuladamente começou a criar um reino independente, ao anexar a Cirenaica. Depois de raptar o cadáver embalsamado de Alexandre quando seguia para a Macedônia, Ptolomeu colocou-o em um grande mausoléu, que abrigou mais tarde os túmulos dos reis ptolemaicos, construído na nova capital, Alexandria. Em seguida, derrotou e matou Pérdicas que o atacara em razão desse rapto. Segundo os relatos, os soldados de Pérdicas foram devorados pelos crocodilos do Nilo depois da batalha.

Ptolomeu só fundou uma nova cidade, Ptolemaida, no sul do Egito, porque a população continuou a ser composta na maioria por camponeses (*fellahin*). Para os camponeses, os faraós ptolemaicos eram semideuses cultuados pelos sacerdotes, que os acolheram depois do péssimo governo dos persas. Os faraós ptolemaicos tentaram impressionar os súditos com a restauração de templos destruídos pelos persas e a construção de novos templos no estilo dos santuários da época, como o templo de Edfu cuja

*Acima: Moeda romana cunhada no século II d.C. com a imagem do farol, o símbolo mais famoso de Alexandria, cuja luz podia ser vista a 50 quilômetros de distância.*

*Abaixo: Os túmulos de Anfouchy datados do século III a.C. são umas das poucas construções preservadas da época ptolemaica. (A maioria está submersa ou foi destruída.) Os túmulos têm uma influência grega e egípcia do funeral dos mortos.*

> **O FESTIVAL PTOLEMAIDA**
>
> No primeiro semestre de 275-274 a.C. realizou-se em Alexandria o grande festival Ptolemaida em comemoração à dinastia ptolemaica e ao deus patrono Dioniso, a divindade do vinho e do teatro. Os carros majestosos desfilaram pelo caminho canópico. Eles carregavam animais selvagens, inclusive um urso branco; homens vestidos como sátiros serviam vinho de um lagar com 114 mil galões de vinho; as mulheres vestidas como mênades, as adoradoras do deus Dioniso, seguiam o cortejo; os carros também carregavam um mastro de 55 metros representando um falo gigantesco; imagens da estrela da manhã e a vespertina; e atrás marchavam 57 mil soldados.

construção teve início em 237 a.C. Mas nenhum soberano ptolemaico aprendeu egípcio antes de Cleópatra VII (51-30 a.C.). A administração do reino era exercida por gregos ou macedônios, e por *cleruchs*, militares macedônios que ganhavam extensões de terra para colonizar. Quando Ptolomeu I morreu de morte natural, ao contrário da maioria dos sucessores, em 283 a.C., seu filho Ptolomeu II (283-246 a.C.) o sucedeu. Esse monarca culto casou-se com a irmã Arsínoe, de acordo com o antigo costume egípcio. Mais dinâmica do que o marido, Arsínoe governou o Egito até sua morte em 270 a.C.

## A ERA DE OURO

O século III a.C. foi a era de ouro da dinastia ptolemaica. O principal ministro de Ptolomeu II, Apolônio, aperfeiçoou a burocracia do reino de uma maneira jamais vista, uma administração da atividade pública, que controlava todos os aspectos da vida dos cidadãos egípcios. A posse da região pantanosa de Faium foi reivindicada pelo Egito e funcionários gregos introduziram novas colheitas, como vinhedos e oliveiras. Mas os grãos continuavam a ser o produto mais importante do Egito, cultivados pelos escravos presos a terras que não possuíam, nem mesmo a semente do milho que plantavam. Os produtos tinham impostos elevados ou eram monopólios do rei como o papiro, o precursor do papel. A riqueza descia o Nilo até o tesouro real, o que permitia que os faraós ptolemaicos tivessem frotas enormes de navios e exércitos. Creta, Chipre, Samos, Cilícia e o sul da Síria foram anexados ao império, embora a Síria tenha sido motivo de disputa pelos reis selêucidas nas Guerras Sírias.

## A METRÓPOLE DE ALEXANDRIA

Os resultados da coleta sistemática de impostos refletiam-se em Alexandria, a primeira metrópole do mundo, que acolhia gregos e imigrantes, entre eles muitos judeus. Com as suas duas baías, o farol de 90 metros de altura, com as estátuas gigantescas de Ptolomeu e a rainha esculpidas na base, Alexandria era maior cidade da região do Mediterrâneo. É possível que tivesse mais de 500 mil habitantes em 200 a.C. Seu comércio ofuscava o de Atenas e de Cartago, e estendeu-se pelo Mar Vermelho até a Índia em 116 a.C. O cami-

*Abaixo: O Egito, ao contrário da maioria das satrapias, tinha uma identidade nacional forte desde a época da construção das primeiras pirâmides.*

*Acima: Alexandria, com seu grande porto, foi escolhida como capital por Ptolomeu, em substituição a cidades no interior do Egito como Mênfis.*

nho canópico, uma avenida com 45 metros de largura ladeada de colunas partia da Porta do Sol e atravessava a cidade, em cruzamentos com avenidas semelhantes. A oeste da cidade, situava-se a Biblioteca Real de Alexandria (a maior biblioteca da Antiguidade, com 500 mil rolos de papiros, foi o centro intelectual da cultura helênica, o grande templo de Sarapis; e uma colina artificial dedicada ao deus Pã. A leste os palácios reais reuniam-se em parques redondos, com barcos luxuosos para lazer da nobreza. Mais além, localizava-se o hipódromo para corridas de carruagem e o ginásio, uma instituição importante na vida do período helênico, onde os homens se encontravam e faziam exercícios.

Alexandria nunca pertenceu do ponto de vista formal ao Egito. Apesar de a cidade ter um conselho municipal, não era uma pólis no sentido grego. Mas o grego era a língua oficial falada por pessoas importantes, embora houvesse uma grande mistura de raças.

O esplendor de Alexandria dependia, por fim, do trabalho árduo dos *fellahin*, servos sem direitos sociais ou bens. Mas quando Antíoco III invadiu o Egito vindo da Síria em 217 a.C., Ptolomeu IV recrutou os camponeses egípcios para repelir seu ataque. O Egito derrotou o exército selêucida na batalha de Ráfia, mas a dinastia estava cada vez mais enfraquecida. No século II a.C., os tumultos, greves e rebeliões começaram a perturbar a ordem pública, enquanto uma burocracia corrupta oprimia os cidadãos egípcios.

*Abaixo: A entrada monumental do templo de Hórus em Edfu. A construção do templo iniciada em 237 a.C. imitou o estilo de templos mais antigos, com os reis ptolemaicos em postura de faraós perante seus súditos egípcios.*

# DE SARDES A SAMARCANDA
# O IMPÉRIO SELÊUCIDA, 312-200 a.C.

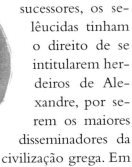

Mais do que os outros sucessores, os selêucidas tinham o direito de se intitularem herdeiros de Alexandre, por serem os maiores disseminadores da civilização grega. Em seu auge em 280 a.C., o império estendia-se do Mar Egeu, onde se localizava a capital regional, Sardes, a Samarcanda na Ásia Central, uma área de 3.885.000 km². O império selêucida tinha cerca de 30 milhões de habitantes, cinco vezes mais do que o Egito.

Para controlar esse reino enorme, Seleuco I e o filho Antíoco I (281-261 a.C.) mantiveram a política de Alexandre de fundar cidades em pontos estratégicos e em grande número. (Seleuco, por exemplo, fundou cinquenta cidades.) Essas cidades eram colonizadas por antigos soldados macedônios, que se casavam com frequência com mulheres locais e, mais tarde, seus descendentes convertiam-se em cidadãos do império. Esses cidadãos eram então recrutados como tropas do exército selêucida.

*Acima: Uma moeda com a efígie de Antíoco III o Grande (223-187 a.C.), que restaurou o poder dos selêucidas na Ásia. Ele capturou o sul da Síria dominado pelo Egito antes de ser derrotado por Roma.*

*Abaixo: Perge foi uma das muitas cidades gregas na Ásia Menor que aceitou o domínio selêucida, mas manteve uma autonomia interna.*

## A SELÊUCIA SUPLANTOU A BABILÔNIA

As novas cidades chamaram-se Antioquia, Selêucia, Laodiceia (em homenagem a Laodice, mãe de Seleuco I) e Apameia (em homenagem à sua esposa persa Apama e mãe de Antíoco I). Seleuco foi o único sucessor de Alexandre que não repudiou a esposa persa e que tinha persas a seu serviço na corte, embora a cultura e a política do novo império fossem helênicas. Em 312 a.C. quando controlava a Babilônia e as satrapias orientais, Selêucio I fundou Selêucia do Tigre em Opis (atual Bagdá), onde um canal ligava os dois rios, além de ser o local onde Alexandre pedira a harmonia entre persas e macedônios. A cidade logo su-

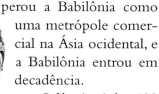

*Acima: Busto de um filósofo desconhecido, um dos muitos gregos atraídos pelas novas cidades fundadas pelos selêucidas em seu enorme império, que tinham todas as características de uma pólis grega: ágora, ginásio, pórticos e teatro.*

perou a Babilônia como uma metrópole comercial na Ásia ocidental, e a Babilônia entrou em decadência.

Selêucia tinha 600 mil habitantes no século I a.C., de acordo com os dados do geógrafo Estrabão, orgulhoso de sua origem grega. A cidade tinha um conselho municipal, funcionários eleitos e uma assembleia. Entre seus cidadãos havia pessoas de descendência babilônia.

Quase todas as cidades fundadas pelos selêucidas assemelhavam-se às pólis gregas, pelo menos do ponto de vista da organização interna. Assim como na visão dos romanos, as cidades do império selêucida faziam parte de uma confederação, e usufruíam de autonomia e concessão de terras e, à vezes, recebiam suprimentos de sementes de milho e equipamentos. Em troca, as cidades eram leais à dinastia reinante, além de homenagearem os reis como divindades.

## A CAPITAL ANTIOQUIA

Antioquia à margem do Rio Orontes no norte da Síria era a principal cidade e a capital do império selêucida. A cidade ficava a 24 quilômetros de distância do Mar Mediterrâneo, uma situação geográfica importante para os gregos que gostavam do mar. Fundada em 300 a.C., Antioquia logo rivalizou com Alexandria em esplendor e sofisticação. A cidade era o ponto final das rotas das caravanas na Ásia, e os impostos sobre o comércio eram essenciais para a economia selêucida. Antioquia foi inicialmente povoada por colonos macedônios e atenienses, mas muitos judeus se estabeleceram mais tarde na cidade. Os selêucidas fundaram uma fazenda de criação dos famosos elefantes indianos usados nas guerras, um símbolo do poder deles, perto de Antioquia. O exército regular com cerca de 70 mil soldados, o maior da Antiguidade, era outro símbolo do poder. Os reis fundaram tantas cidades no norte da Síria ao longo do vale fértil do Rio Orontes, que a região assemelhou-se a uma segunda Macedônia. Essa foi uma das poucas regiões da Ásia totalmente helenizada, embora a Fenícia e algumas partes da Mesopotâmia também tivessem cidades gregas.

## A PERDA DO ORIENTE

Mais a leste, as cidades gregas eram meros postos avançados do helenismo em meio à população rural imutável em seus costumes. Poucos nobres persas adotaram hábitos gregos. Em geral, o desprezo arraigado dos colonos greco-macedônios em relação aos "bárbaros" frustraram as tentativas de helenização em massa dos selêucidas.

O império selêucida desde o início teve diversos tipos de cidades. As cidades-estado fundadas pelos reis eram mais fáceis de controlar – ou as cidades conquistadas na região do Mar Egeu e na Fenícia – cuja autonomia os selêucidas em geral respeitavam. Os reis tentaram reprimir o poder e o prestígio das cidades sagradas mais antigas, embora respeitassem sua religiosidade e a imunidade com referência aos impostos. Na Babilônia, a cidade mais civilizada e rica do império, os selêucidas conquistaram com certo sucesso o apoio dos sacerdotes e dos comerciantes.

No entanto, as tentativas de domínio do planalto persa, o centro do império aquemênida, tiveram menos sucesso. Os selêucidas precisavam do apoio dos sátrapas poderosos, ou dos governadores, que, por sua vez, dependiam do regime feudal dos nobres persas, que administravam suas propriedades rurais sem sair dos castelos. As enormes distâncias do centro do poder na Síria e na Babilônia impediam um controle eficaz.

Em torno de 255 a.C. Diódoto, governador da Báctria, revoltou-se contra Antíoco II (261-246 a.C.) e o império perdeu a grande província da Báctria. Mas pelo menos Diódoto era macedônio. Em 247 a.C., Arsaces, rei dos partas, um povo persa, afastou-se de Diódoto, e seus sucessores começaram a expandir o reino na região central da Pérsia. No século II a.C., os partas conquistaram mais territórios do império selêucida e, por fim, capturaram a Babilônia em 130 a.C.

Com o objetivo de restaurar o poder dos selêucidas, Antíoco III fez uma grande expedição militar no Oriente em 212-206 a.C. Antíoco obrigou os governadores rebeldes a reconhecerem a soberania selêucida, mas aceitou a independência da Báctria, apesar de tê-la derrotado. Em seguida, Antíoco intitulou-se o grande rei, assim como os persas, mas essa glória foi prematura. Logo após seu retorno, as satrapias mais distantes recuperaram sua independência. Pouco depois o poder do império selêucida enfrentou um novo inimigo: Roma.

*Abaixo: Éfeso, o ponto final das rotas comerciais da Ásia, prosperou sob o domínio dos selêucidas, e foi a capital do império no Ocidente. Estas edificações datam de c.300 a.C.*

# MACEDÔNIA E PÉRGAMO:
## POTÊNCIAS HELÊNICAS

*Acima: As fortificações de Acrocorinto em uma colina acima do porto, uma das "correntes" da Grécia ou cidadelas com tropas, com as quais os reis macedônios controlavam a Grécia.*

*Abaixo: O local espetacular do teatro em Pérgamo (Ásia Menor) mostra o poder e a riqueza da dinastia atálida em seu auge no século II a.C.*

Os exércitos que conquistaram metade da Ásia e a maioria dos colonos das novas cidades helênicas originaram-se da Macedônia, um país de grandes dimensões de acordo com os padrões da Grécia clássica. Mas, mesmo assim, o poder do reino não se extinguiu. A Macedônia continuou a ser uma das potências mais importantes a leste da região do Mediterrâneo até a derrota final imposta por Roma, em 168 a.C., Apesar de um tamanho relativamente pequeno, o exército e a Marinha eram excelentes, e o controle polêmico da Grécia lhe davam prestígio e poder. No século III a.C. a Macedônia acumulara uma enorme riqueza, além de uma cultura totalmente helenizada. O *koine*, o dialeto grego comum baseado no ático (ateniense), substituiu o dialeto macedônio, assim como no mundo helênico.

Cassandro, filho do antigo regente de Alexandre, Antípatro, matou o jovem rei Alexandre IV, o último descendente da antiga casa real macedônia em 311 a.C. Cassandro

*Acima: O Altar de Pérgamo, uma das obras mais magníficas do mundo grego, revelava a riqueza do reino atálida em seu auge no século II a.C. O altar faz parte do acervo do Museu de Pérgamo em Berlim.*

fundou a grande cidade de Tessalônica e governou a Macedônia até sua morte em 297 a.C. Em seguida, Demétrio I Poliorcetes "o Sitiador" recuperou por pouco tempo o controle da Macedônia, mas o perdeu quando Pirro de Épiro invadiu o país a oeste e Lisímaco o atacou a leste. Nesse momento, a existência da Macedônia ficou ameaçada até que o filho de Demétrio e neto de Antípatro, em razão do casamento entre as famílias, Antígono II (284-239 a.C.), conquistou o trono.

## ANTÍGONO E SEUS SUCESSORES

Depois de derrotar os invasores gauleses em Lisimáquia em 278 a.C., Antígono recuperou o prestígio da Macedônia como uma grande potência e assegurou o futuro de sua dinastia. Com a derrota dos espartanos e atenienses na guerra cremonidiana (267-262 a.C.), a Macedônia restaurou seu poder hegemônico na Grécia com o controle dos quatro fortes estratégicos chamados de "correntes". Porém teve o cuidado de tratar os atenienses com tato. Aliado aos selêucidas, Antígono expulsou a Marinha egípcia de Cós e Andros, o que impediu a expansão ptolemaica no Mar Egeu. Antígono incentivou a agricultura e o comércio na Macedônia, e apesar do uso extenso de mercenários, seus súditos não tiveram um aumento excessivo de impostos, porque suas propriedades rurais lhe garantiam uma renda. Casas particulares escavadas em Pela e na Tessalônica revelaram a riqueza e a sofisticação da Macedônia na época.

O sucessor de Antígono, seu filho Demétrio II, foi morto em 229 a.C. em uma batalha contra os bárbaros do norte. Tradicionalmente, a Macedônia agia como uma barreira para impedir a entrada desses invasores. Demétrio II foi sucedido pelo filho Filipe V, em 221 a.C., depois de um período de regência. Filipe era um homem bonito, enérgico e ambicioso. Aclamado como o salvador da Grécia na conferência de Lepanto em 271 a.C., uma tentativa de encontrar uma solução para uma paz duradoura, dois anos depois ele fez uma aliança fatal com Cartago contra Roma. Aníbal, o grande general cartaginês, estava vencendo a segunda guerra Púnica (218-202 a.C.) e, em consequência, desencadeou a Primeira Guerra Macedônica. As tropas romanas invadiram o noroeste da Grécia e depois de algumas investidas aleatórias, os romanos fizeram uma aliança com a Liga Etólia na região central da Grécia. A paz foi firmada em troca do retorno do *status quo ante* em 205 a.C., mas as suspeitas de Roma agora recaíram na Macedônia.

## A ASCENSÃO DE PÉRGAMO

Pérgamo, uma cidade obscura situada em uma colina no vale fértil de Caicos a noroeste da Ásia Menor, transformou-se em uma das maiores potências helenísticas no período dos reis da dinastia atálida. Sua ascensão começou em 263 a.C. quando o governador, Eumenes I, conquistou a autonomia da cidade. Apesar de os selêucidas o terem obrigado a se desfazer de muitas conquistas territoriais, Eumenes manteve a independência de Pérgamo. Depois que seu sucessor Átalo I (241-197 a.C.) derrotou os gauleses em uma batalha dramática, ele assumiu a coroa e o título de *Soter* (o Salvador) do helenismo.

Átalo dirigiu sua atenção para o Ocidente e fez amizade com Roma em razão dos relatos das (supostas) ambições perigosas de Filipe V da Macedônia e dos selêucidas. Seu filho Eumenes II (197-160

a.C.) continuou a favorecer a política pró-romana. Em 190 a.C., Eumenes deu um apoio vital aos romanos na batalha de Magnésia.

Em reconhecimento por sua ajuda, Eumenes II ganhou um enorme território na Ásia Menor e transformou Pérgamo em uma das maravilhas arquitetônicas e artísticas do mundo helênico. Construiu templos e teatros em locais espetaculares na colina, e a biblioteca de Pérgamo rivalizava com a de Alexandria. O esplendor melodramático do Altar de Pérgamo simbolizava a riqueza extraordinária do rei. Em desafio ao monopólio do papiro do Egito, Pérgamo inventou o pergaminho, nome inspirado na cidade. Os rebanhos de gado e carneiro forneciam as peles para preparar esse material resistente à escrita. A burocracia autocrática de Pérgamo assemelhava-se mais à do Egito do que à do reino selêucida, com muitos camponeses trabalhando para o rei como servos. Embora os reis tratassem as antigas cidades jônicas, que passaram a controlar a partir de 189 a.C., com discrição e prudência diplomáticas, a maioria dos gregos nunca esqueceu que a riqueza e o poder dos reis atálidas originavam-se de sua colaboração covarde com Roma.

*Abaixo: O gaulês moribundo, uma estátua com a dramaticidade típica da arte helênica, foi esculpida para comemorar a vitória de Átalo I de Pérgamo contra os invasores celtas, que ameaçaram a região do Mar Egeu no século III a.C.*

# OS GREGOS NO ORIENTE BÁCTRIA E ÍNDIA, 350-320 a.C.

Alexandre havia fundado cidades na Báctria (atual Afeganistão), Sogdiana (atual Tajiquistão) e no noroeste da Índia (hoje Paquistão) em princípio com objetivos militares. Os soldados que as colonizaram, em geral obrigados, poderiam proteger estrategicamente estradas importantes e seus filhos de mães locais seriam novos recrutas para o exército. Ou pelo menos essa era a ideia. Mas 20 mil colonos revoltaram-se antes da morte de Alexandre e só voltaram para as colônias forçados pelos generais macedônios.

Os selêucidas continuaram a política de colonização de Alexandre, porém em uma base mais ampla e sólida. Eles recuperaram algumas cidades e fundaram outras (quase sempre com o nome de Antioquia), mantendo as características de uma pólis grega, com conselho municipal, assembleia, teatro e ginásio.

## AS RUÍNAS DE AI-KHANUM

Essas cidades mantiveram a identidade helênica por um tempo bastante longo, como revelado pelas ruínas de Ai-Khanum. Originalmente, fundada com o nome de Alexandria de Oxiana na Báctria e talvez recuperada por Seleuco I, a cidade situava-se em uma área fértil na época. As ruínas incluem um enorme ginásio, um grande teatro com um terraço perto do rio, amplas casas e um palácio com colunas coríntias ao redor de um grande pátio. Por volta de 300 a.C. Clearco, um aluno de Aristóteles, trouxe da distante Delfos a máxima tradicional da mitologia grega "as cinco idades do homem", segundo a qual a raça humana teria sido criada cinco vezes, para ser inscrita nesse ginásio. Um papiro com fragmentos da filosofia de Aristóteles foi encontrado próximo ao ginásio, o que sugere que os cidadãos gregos dessa pólis da Ásia Central discutiam filosofia depois de se exercitarem no ginásio. A cidade atingiu o auge da prosperidade em c.200 a.C.

*Acima: Antímaco I, o rei helênico da Báctria (atual Afeganistão), conquistou o noroeste da Índia em c.180 a.C., e cunhou moedas requintadas como a desta ilustração.*

*Abaixo: Eucrátides I, rei da Báctria em c.170-155 a.C., governou um imenso reino indo-grego, que se estendia de Merv na Ásia Central a Taxila no norte da Índia.*

## OS INDO-GREGOS

Seleuco I cedeu suas províncias orientais para Chandragupta, o primeiro rei da dinastia máuria, em troca (supostamente) de quinhentos elefantes em 303 a.C. Seleuco assistiu à ascensão desse novo poder na Índia, ao casar um membro de sua família com uma pessoa do clã dos máurias. Apesar do pequeno impacto político, essa união ajudou a difundir a cultura grega, a qual a Índia foi muito receptiva. O neto de Chandragupta, Asoka, talvez em parte com descendência grega, foi o primeiro imperador budista (274-232 a.C.) da Índia. Seus decretos budistas inscritos nas colunas de Kandahar mostram a importância que atribuía à sua nova religião pacifista e aos súditos que falavam grego. Ele também contratava artífices gregos.

> ### A FUSÃO ARTÍSTICA
> Segundo os registros históricos, Menandro I converteu-se ao budismo, e a fusão da forma estética grega com as doutrinas da religião budista teve uma grande influência artística. A arte chinesa e até mesmo a arte japonesa têm reflexos das formas helênicas, enquanto os Budas gigantes de Bamiyan, datados de c.500 d.C., mostram traços da arte grega. O impacto intelectual também foi duradouro. O *Gorgi Samhita*, um tratado astronômico de 230 d.C., afirmou: "Embora os yavanas (jônios, isto é, gregos) sejam bárbaros, a ciência da astronomia originou-se com eles e, por esse motivo, devem ser reverenciados como deuses."

## O REINO GRECO-BACTRIANO

Em 255 a.C. Diódoto I, o governador selêucida da Báctria, declarou independência, talvez por falta de apoio dos selêucidas para combater os invasores nômades, e fundou um reino greco-bactriano. Seu filho Diódoto II (248-235 a.C.) assumiu o título de rei e negociou com os partas, agora também independentes, antes de ser deposto por Eutidemo I (235-200 a.C.). Um rei empreendedor, Eutidemo reconquistou Herat dos partas a oeste, enquanto invadia Sinkiang, hoje na China, a nordeste. Antíoco III o derrotou, mas teve de aceitá-lo como um governante subordinado em 210 a.C. A maioria das informações que temos desses monarcas origina-se da cunhagem requintada de moedas, porque existem poucos registros escritos.

*Abaixo: Os elefantes, os "tanques das antigas guerras", vindos na maioria da Índia, depois que Alexandre viu os numerosos elefantes na batalha de Hidaspes.*

## DEMÉTRIO E SEUS HERDEIROS

No início do século II a.C., com o declínio do poder da dinastia máuria, os reis greco-bactrianos começaram a reconquistar territórios e avançaram para o Oriente. O filho de Eutidemo, Demétrio I (200-185 a.C.), retomou as terras dos reis máurias, e fundou uma colônia, Demetrias, perto de Ghazni. Seu reino dividiu-se entre três herdeiros. Um deles, Antímaco I, controlou a região norte do atual Paquistão, onde cunhou moedas maravilhosas. Seus sucessores governaram Taxila e cunharam moedas bilíngues em grego e em brami, a escrita indiana do vale do Ganges. Demétrio Aniceto (o Invencível) cunhou moedas em grego e prácrito. Cada vez mais, as moedas começaram a ser cunhadas com imagens indianas, como a efígie da deusa Lashkmi, ou uma árvore sagrada, entre outros símbolos sagrados do budismo. Algumas moedas eram quadradas, a forma preferida nos bazares indianos. Os gregos eram receptivos à cultura da Índia, apesar da xenofobia habitual.

Eucrátides I (c.170-155 a.C.), que assumiu o título de marajá (grande rei), governou um reino indo-grego que se estendia de Merv na Ásia Central a Taxila. Seu sucessor, Menandro I (155-130 a.C.), estendeu seu poder até o vale do Ganges e suas tropas chegaram a Patna. As moedas de ouro e prata cunhadas no reino foram encontradas em uma área enorme, que não faziam parte do reino. Menandro converteu-se ao budismo e é citado em lendas budistas como Milinda, o Justo. Menandro teve sucessores indo-gregos, entre os quais a rainha Agatocleia. Mas no século I a.C. as tribos citas, os kushans, invadiram a Báctria e o noroeste da Índia e conquistaram o último reino indo-grego em 30 a.C.

*À direita: Enquanto todos os reinos indo-gregos já haviam desaparecido em 30 a.C., a influência artística grega persistiu durante séculos. A arte grega inspirou imagens do Buda, como esta escultura do Bodhisattva de Gandhara do século IV d.C.*

# A ANTIGA GRÉCIA: AS LIGAS ETÓLIA E AQUEIA, 320-180 a.C.

Embora os reis macedônios tenham dominado os locais militarmente estratégicos da Grécia depois de 322 a.C., a vida política, econômica e social da Grécia ainda mantinha sua independência. No entanto, cidades menores, que valorizavam sua autonomia, tiveram de se unir em ligas para sobreviver. Assim, mais uma vez mostraram o espírito criativo e inovador grego até a conquista esmagadora do Império Romano, que extinguiu a independência da Grécia.

## A LIGA ETÓLIA

Isócrates, o escritor e orador ateniense do século IV a.C., há muito tempo conclamava uma união pan-helênica contra os "bárbaros". Em torno de 367 a.C., nas regiões montanhosas da Etólia, muitos vilarejos constituíram uma liga defensiva, com estrutura político-administrativa extremamente flexível e criativa. A liga tinha presidente e comandante em chefe eleitos todos os anos, sem direito a reeleição nos anos subsequentes. Também tinha um oficial de cavalaria, um secretário e sete administradores financeiros.

A liga realizava assembleias regulares duas vezes por ano antes e depois das campanhas militares, no templo de Apolo em uma colina em Thermo. Os cidadãos adultos tinham direito a voto e havia um conselho federal com mil representantes. Cada cidade tinha uma representação de acordo com sua população e mantinha a autonomia interna. Muitos assuntos eram tratados por um comitê com 40 membros, porque a liga ficou menos democrática em conse-

*Acima: Ruínas do santuário de Atena Pronaia em Tholos, Delfos. O controle desse santuário simbolizava o domínio da antiga Grécia.*

*À direita: As antigas colunas do templo de Apolo em Corinto, um dos "santuários mais importantes da Grécia" dominado pelos macedônios.*

*Acima:* O quadro de Edward Lear, um artista e humorista vitoriano, mostra o desfiladeiro estreito de Termópilas. Esse desfiladeiro continuou a ser essencial para a defesa da Grécia, porque as "Portas Quentes" impediam o acesso de invasores vindos do norte à região central da Grécia.

quência de seu crescimento. A política ficou sob controle das cidades da Etólia, embora algumas participassem da liga como membros honorários.

A Liga Etólia demonstrou sua força depois da morte de Alexandre. Apesar de um exército de apenas 12 mil soldados, capturou Lepanto no Golfo do Corinto, e repeliu ataques dos Diácodos. Em *c.*300 a.C., conquistou Delfos. Embora Delfos nunca tenha feito parte da liga, os etólios justificaram a ocupação do grande santuário por terem derrotado os gauleses em 279 a.C. Em 245 a.C., os etólios destruíram os beócios e estenderam seu poder na região central da Grécia. Em geral, faziam oposição aos macedônios, com a justificativa de serem os defensores da liberdade grega, apesar da notória amizade com piratas.

A Liga Etólia lutou ao lado de Roma na Segunda Guerra Macedônia (200-197 a.C.) e a cavalaria exerceu um papel decisivo na vitória romana na batalha de Cinoscéfalos. Em seguida, sentindo-se rejeitada por Roma no período de paz que se seguiu, os membros da liga convidaram o rei selêucida Antíoco III a visitar a Grécia em 192 a.C. Mas com a derrota de Antíoco em 189 a.C., a liga reduziu-se às cidades da Etólia e subjugou-se ao poder do Império Romano, com o qual rompeu mais tarde.

## A LIGA AQUEIA

A Liga Aqueia criada em *c.*280 a.C. na costa noroeste do Peloponeso também exerceu um papel importante. Originalmente composta por dez cidades costeiras, em 251 a.C. incluiu a cidade-Estado de Sicião perto de Corinto, que não pertencia à região de Acaia. Arato, um estadista e militar de Sicião, liderou durante uma geração a Liga Aqueia como presidente e comandante em chefe, sendo reeleito a cada dois anos. O estatuto da liga imitou em parte o da Liga Etólia. Na Liga Aqueia, só cidadãos com mais de 30 anos tinham direito a voto no *synedos*, ou conselho, que assumiu, assim, um estilo mais conservador do que a assembleia. O conselho e a assembleia reuniam-se quatro vezes por ano em Aigio, uma cidade portuária no golfo de Corinto, em uma dessas vezes para eleger oficiais como os *hipparchs* (os comandantes da divisão de cavalaria). Os votos eram contados por cidade e não por representantes, para evitar o predomínio dos votos dos cidadãos locais, mas só cidadãos ricos tinham condições de pagar uma viagem a Aigio. As cidades que pertenciam à liga conservavam a autonomia interna e a cunhagem de moedas, porém seguiam a política externa da liga.

Arato, um patriota apaixonado pela Liga Aqueia, embora não fosse um grande general, manteve uma política de oposição à Macedônia. Em 243 a.C. fez um ataque surpresa à noite às tropas macedônias em Corinto e anexou esse importante porto aos membros da liga. Nos anos seguintes, enquanto a Macedônia enfrentava invasões ao norte, a liga expandiu-se com o acréscimo de Argos, Megalópolis e, por fim, com a região do Peloponeso exceto Esparta. Os cidadãos das províncias anexadas queriam ser membros da Liga Aqueia, mas nesse momento Esparta, fortalecida depois das reformas de Cleômenes III, capturou uma cidade após outra com apelo à população pobre. Arato foi então obrigado a

*À direita: Esta estátua graciosa de terracota origina--se de Tanagra na Beócia, uma das minúsculas cidades que pertenceram à poderosa Liga Etólia.*

pedir ajuda em 222 a.C. à Macedônia para derrotar os espartanos em Sellasia. Mas no reinado de Filipe V a relação da liga com a Macedônia deteriorou-se e ela buscou o apoio de Roma. Philopoeme, o novo líder da Liga Aqueia, aceitou com relutância a ajuda de Roma, necessária para enfrentar a orgulhosa Esparta que, depois da derrota, incorporou-se à liga.

Após a morte por envenenamento de Philopoeme em Messênia em 182 a.C., uma cidade que se tornara membro involuntário da Liga Aqueia, seus líderes continuaram a apoiar os romanos, porém sem nenhum resultado positivo. Em 167 a.C., depois da derrota final da Macedônia pelo Império Romano, mil reféns democráticos da Liga Aqueia foram levados para Roma, entre eles Políbio, o futuro historiador. Só trezentos reféns voltaram vivos à Grécia. Políbio, por sua vez, admirou a Constituição do Império Romano e escreveu sobre a ascensão de Roma ao poder. Ele também tentou sem sucesso convencer seus conterrâneos a aceitar as exigências cada vez mais rigorosas dos romanos.

# ATENAS E RODES
## 323-170 a.C.

Atenas e Rodes dominaram do ponto de vista cultural e comercial a região do Mar Egeu no período helênico. Atenas, ainda a maior cidade grega em 323 a.C., aos poucos cedeu sua supremacia econômica a Rodes, a nova potência comercial, mas manteve sua hegemonia cultural. Rodes, por sua vez, transformou-se na pólis mais rica e independente da época, e um exemplo extremamente sofisticado de um regime democrata limitado. As duas cidades, por fim, foram dominadas pelo imperialismo romano, apesar das tentativas de conciliação.

### ATENAS: A CAPITAL INTELECTUAL E CULTURAL DA GRÉCIA

A guerra Lamiaca de 323-322 a.C., na qual a aliança grega foi derrotada pela Macedônia, encerrou o período de independência e de regime democrata de Atenas. O governo de Cassandro, o protegido de Demétrio de Faleros, foi uma mistura estranha de filosofia, autoritarismo e sibaritismo. Quando Demétrio I, o Sitiador, expulsou as tropas de Cassandro de Atenas em 307 a.C., a democracia foi em parte restaurada, mas a assembleia não recuperou sua supremacia. Ao explorar a fra-

*Acima: A cidade de Atenas, liberal e, com frequência pacífica, atraiu muitos filósofos como Zenão de Cício, fundador da doutrina do estoicismo.*

*Abaixo: A entrada do porto de Rodes, onde foi erguida a estátua do Colosso de Rodes.*

> **O COLOSSO DE RODES**
>
> Símbolo da riqueza marítima de Rodes e uma das Sete Maravilhas do Mundo Antigo, segundo a lenda cada pé da célebre estátua do Colosso de Rodes apoiava-se em uma margem do canal que dava acesso ao porto e, portanto, todas as embarcações que chegavam a Rodes passavam sob suas pernas. Essa estátua de bronze monumental do deus Hélio tinha 33 metros de altura. Destruída no terremoto de 226 a.C., até mesmo seus fragmentos impressionam os visitantes.

queza dos macedônios durante as invasões dos gauleses em 280 a.C., Atenas reconquistou a independência, porém a perdeu de novo com a vitória de Antígono II da Macedônia em 262 a.C. Antígono, apesar de instalar tropas no Pireu, manteve o respeito a Atenas como capital cultural da Grécia, a exemplo de muitos gregos.

A economia da cidade recuperou-se graças à descoberta de novas jazidas de prata em Lavrio e, mais tarde, com o controle do porto livre de Delfos. Aos poucos Atenas passou a ser um território neutro, sem a ocupação das tropas macedônias. A cidade cultivou a amizade com Roma no século II a.C, o que a poupou das terríveis batalhas da época.

Agora, a importância intelectual e cultural de Atenas não tinha rival. Atenas manteve um regime democrático de governo e foi, sem dúvida, o berço definitivo da filosofia. Epicuro e Zenão de Cício fundaram em Atenas as suas respectivas escolas – o epicurismo e o estoicismo – em *c.*300 a.C., que coexistiram com as doutrinas platônicas e aristotélicas. Ao mesmo tempo, Menandro deu início ao movimento da "Comédia Nova", uma fase importante da evolução do teatro grego, e precursor dos seriados cômicos da televisão. Sem visão política, mas com uma grande perspicácia, Menandro influenciou escritores romanos como Plauto.

Os reis helenísticos rivalizaram-se na construção de belíssimos prédios em Atenas. Na década de 170 a.C. o rei selêucida, Antíoco IV, retomou a construção do magnífico templo de Zeus iniciado há 340 anos, e só concluído no reinado do imperador Adriano três séculos depois.

A leste da ágora, Átalo II de Pérgamo construiu a Estoa de Átalo, uma das edificações mais impressionantes da Grécia clássica. Embaixo de suas colunas o filósofo Zenão de Cício ensinou a doutrina estoica aos seus discípulos. As estoas também abrigavam o comércio e outras atividades dos cidadãos de Atenas. A prosperidade de Atenas prolongou-se até o início das hostilida-

*Abaixo: Muitos reis helenísticos construíram grandes prédios em Atenas, ainda a suprema pólis helênica. Em 174 a.C., o rei selêucida Antíoco IV recomeçou a construção do enorme templo dedicado a Zeus, o Olimpeu, iniciado no século VI a.C., mas com o assassinato de Antíoco os recursos destinados à construção foram suspensos.*

des de Midrídates VI rei de Ponto contra o Império Romano.

## RODES: UMA REPÚBLICA MARÍTIMA

Em 406 a.C., as três pequenas cidades de Rodes uniram-se para formar uma única pólis democrática. Governada por potências externas no século IV a.C., depois da morte de Alexandre, Rodes declarou sua independência e expulsou as tropas da Macedônia. Mais tarde, Rodes rechaçou as torres de cerco gigantes de Demétrio I em 305-304 a.C. Rodes teve um período de grande prosperidade até 166 a.C., quando substituiu Atenas como o núcleo da atividade comercial da região do Mar Egeu. Sua riqueza originava-se da posição estratégica no centro das rotas comerciais para a Sicília, Mar Negro e Egito. Em 170 a.C., os impostos de 2% cobrados para o transporte de mercadorias, basicamente de trigo, resultaram em um lucro de 1 milhão de dracmas. Em consequência, Rodes tornou-se o centro econômico do mundo helênico.

O regime democrático de Rodes era limitado, mas a aristocracia tinha um sentimento forte de *noblesse oblige*, e os cidadãos ricos ajudavam os pobres. Por esse motivo, Rodes usufruía de uma rara estabilidade política e social. Todos os cidadãos serviam como marinheiros na frota de navios. Apesar de pequena, com cerca de cinquenta galés, a maioria de quinquerremes, a Marinha de Rodes, financiada pelos cidadãos ricos, distinguiu-se como a melhor do mundo helenístico. Rodes eliminou a pirataria, como Atenas já fizera, e criou um código marítimo adotado mais tarde pela Roma imperial. Quando um terremoto destruiu a cidade em 226 a.C., outras cidades-estado gregas uniram-se para restaurá-la, porque Rodes transformara-se no centro da prosperidade política e comercial.

Rodes incentivava a neutralidade para proteger o comércio, mas se aliou a Roma contra Filipe V e Antíoco III por medo das ambições dos dois. A recompensa por essa aliança foi generosa: a anexação da Lícia e da Cária, antigos territórios selêucidas na Ásia Menor. No entanto, Roma cada vez mais desconfiada em relação a *qualquer* cidade grega independente, achou que Rodes assumira uma posição demasiado neutra na Terceira Guerra Macedônia (171-168 a.C.) e deu a Delos o status de porto livre, o que arruinou o comércio de Rodes. Mas Rodes continuou a ser um centro cultural importante, que atraiu poetas, como Apolônio de Rodes no século III a.C., e filósofos, como Posidônio (135-50 a.C.). O futuro imperador Tibério passou algum tempo em Rodes no século VI a.C., em tese para estudar filosofia, mas, na verdade, por estar irritado ao ter sido descartado da linha sucessória imperial.

*Abaixo: A tradição clássica artística continuou em Atenas, com novas obras como esta mênade de c. 100 a.C.*

# A REVOLUÇÃO EM ESPARTA
## 244-192 a.C.

Depois da derrota infligida por Tebas em 371 a.C. e a perda subsequente de Messênia, Esparta teve uma importância insignificante, mesmo na Grécia. A diminuição da taxa de natalidade, assim como a concentração de terra entre as poucas pessoas ricas, reduziu o número de hoplitas, que ainda constituíam a essência do exército, para apenas setecentos em 300 a.C. As pessoas descontentes por terem sido privadas dos direitos de cidadania e de suas terras, ameaçavam a estabilidade de Esparta. Mas, apesar desse cenário desalentador, as lembranças da antiga hegemonia de Esparta continuavam fortes entre seus vizinhos e governantes.

### ÁGIS, O REVOLUCIONÁRIO

Em 244 a.C. o rei Ágis IV ascendeu ao trono, determinado a resgatar a excelência do conjunto de leis de Licurgo, que regiam a organização de Esparta. Ágis planejou dividir a terra em 4.500 lotes iguais, cancelar as hipotecas, permitir que os espartanos recuperassem sua cidadania e conceder direitos civis a alguns *perioeci* (cidadãos de segunda classe). Essas diretrizes do governo horrorizaram os conservadores: os magistrados (*éforos*), o outro rei de Esparta da dinastia dos ágidas,

*Acima: O Vix Crater é um excelente exemplo da arte lacedemônia.*

*Abaixo: Cena marcial esculpida no Vix Crater, o grande vaso de metal fabricado em c.500 a.C., quando Esparta vivia seu período de austeridade, uma época que muitos reis reformistas quiseram reviver.*

Leônidas II, e os cidadãos ricos. Ágis obrigou Leônidas a exilar-se e destituiu alguns *éforos*, mas quando Leônidas voltou do exílio em 241 a.C., Ágis foi assassinado.

## AS REFORMAS DE CLEÔMENES

Em 235 a.C., Cleômenes III assumiu o trono. Embora fosse filho de Leônidas, havia sido influenciado pelas palavras da viúva de Ágis, e convertera-se em um revolucionário. Suas ideias inspiraram-se também nos ensinamentos do filósofo estoico Esfero. Ao constatar que seria necessário usar a força para realizar as reformas, Cleômenes adotou posições revolucionárias. Aboliu a dívida; nacionalizou a terra, dividindo-a em 4 mil lotes para os espartanos e 15 mil para os *perioeci*; e aumentou o número de espartanos com a promoção dos *perioeci* e dos *hilotas* (servos). Ele também libertou mil *hilotas*, uma atitude inédita.

Em 229 a.C., Cleômenes seguiu em direção ao norte e anexou algumas cidades da Liga Etólia no Peloponeso, com o objetivo de consolidar a reforma interna por meio de vitórias no exterior. As pessoas pobres em muitas cidades aglomeravam-se ao seu redor, com a esperança que suas reformas fossem imitadas. Esse movimento popular ajudou-o no início na guerra contra a Liga Aqueia. Mas depois de duas vitórias insignificantes contra os aqueus, Cleômenes voltou para Esparta decidido

*Abaixo: Jovens espartanas exercitando-se, quadro pintado por Edgar Degas em 1860. Entre as características singulares da sociedade de Esparta, havia o hábito de as jovens se exercitarem nuas, o que chocava os outros gregos. Esse estilo de vida estava em decadência no século III a.C., o que arruinou a força de Esparta. Mas alguns costumes continuaram para divertir turistas romanos.*

a prosseguir com sua revolução. Condenou à morte quatro *éforos* conservadores e aboliu o cargo de magistrado. Agora, com um exército numeroso seria possível conquistar o Peloponeso inteiro. Desesperado, Arato, o líder da Liga Aqueia, pediu ajuda aos macedônios, seus piores inimigos, e juntos derrotaram Cleômenes na batalha de Sallasia, em 222 a.C. Cleômenes fugiu para o Egito, onde se suicidou, enquanto Esparta foi capturada pelos invasores pela primeira vez na história. Mas os problemas, sobretudo a diferença entre ricos e pobres, persistiram, e não só em Esparta.

## O ÚLTIMO REI DE ESPARTA

Em 207 a.C. Nábis, que tinha descendência nobre, proclamou-se rei, provavelmente depois de assassinar o jovem rei Pélops. Em seguida, retomou as reformas de Cleômenes, mas de forma ainda mais radical. Com um grupo de guarda-costas composto por *hilotas* libertos e mercenários, ele capturou as terras dos ricos para pagar a reintrodução das refeições comuns tão importantes na vida de Esparta. Habilmente, aliou-se a Roma na Segunda Guerra Macedônia (200-197 a.C.) e depois foi assassinado por um oficial etólio descontente com seu comportamento em 192 a.C. Esparta então se associou à Liga Aqueia. Quando os romanos destruíram os aqueus em 146 a.C., Esparta tornou-se independente sob a proteção de Roma, porém agora era uma cidade decadente. O imperador Augusto reformou o porto e Esparta manteve seus estranhos hábitos para distrair os turistas romanos.

---

### AS REVOLUÇÕES UTÓPICAS

Os problemas sociais e econômicos crescentes em muitas cidades e a influência das doutrinas estoicas de fraternidade universal entre os homens criaram uma mistura explosiva no século II a.C. O fundador do estoicismo, Zenão de Cício (333-262 a.C.), descrevera em seu livro *República* (que não se preservou) sugestões revolucionárias para uma sociedade mais justa, mas suas ideias eram apenas utópicas. Os filósofos estoicos em Atenas não eram pessoas empreendedoras nem ativas. No entanto, as doutrinas de Zenão foram desenvolvidas por pensadores posteriores como Iambulus, que escreveu em *c.*200 a.C. a história mítica "Ilhas do Sol", uma utopia comunista (embora essa palavra não existisse no vocabulário grego), onde todos os homens eram iguais e adoravam o deus Sol. As revoltas dos escravos, comuns na época e sempre reprimidas com grande brutalidade, eram causadas por pura infelicidade. A cidade utópica que Aristônico, filho bastardo de Eumenes I e, portanto, meio-irmão de Eumenes II, o último rei de Pérgamo, tentou criar era ainda mais fantasiosa.

Eumenes perdera o reino, que incluía a Jônia, para os romanos em 133 a.C., mas muitas cidades jônicas não queriam ser súditas de Roma. Quando Aristônico anunciou a criação de sua Cidade do Sol em Pérgamo, com a libertação de escravos, muitos gregos, entre eles o filósofo estoico Blossius de Cumae, uniram-se a Aristônico. O exército deles derrotou uma divisão consular do exército romano. Durante três anos, Roma lutou com dificuldade até que suas legiões destruíram os gregos utópicos. A vingança de Roma, como sempre violenta, marcou o fim das experiências políticas na Grécia.

# OS GREGOS OCIDENTAIS
## 320-211 a.C.

No século IV a.C., Tarento era a cidade grega mais rica da Itália, com um comércio próspero, produção de lã e de púrpura, uma substância corante vermelho-escura extraída dos moluscos, que viviam nas lagoas. O filósofo e estadista Arquitas de Tarento orientava o regime democrático misto da cidade, enquanto mantinha boas relações com Dionísio I, tirano de Siracusa. Mas depois da morte de Arquitas, em c.340 a.C., as tribos italianas que viviam nas colinas ameaçaram os tarentinos, apesar da grande frota de navios. Os tarentinos pediram ajuda a Alexandre de Épiro, cunhado de Alexandre, o Grande, porém ele foi assassinado em 330 a.C. Em seguida, surgiu um inimigo muito mais poderoso: Roma, que em seu projeto expansionista no sul da Itália, fundara Venosa, uma colônia militar, a 144 quilômetros ao norte de Tarento, além de aumentar a Via Appia, a primeira grande estrada militar a sudeste em direção a Brindisi. Os tarentinos assustaram-se.

*Acima: Durante o longo reinado de Hierão II, Siracusa viveu um período sem precedentes de paz e prosperidade. O altar que Hierão construiu foi o mais longo já construído com cerca de 200 metros.*

*Abaixo: Pirro, rei de Épiro (319-272 a.C.) lutou como um general mercenário ao lado das tropas gregas na Itália contra Roma em 280-275 a.C. Suas vitórias iniciais foram tão caras que ganharam o epíteto de "pírricas".*

### A GUERRA ENTRE TARENTO E ROMA

Em 282 a.C., a importante cidade grega de Thurii, rival de Tarento no golfo de Tarento, pediu ajuda a Roma para enfrentar os ataques dos lucanos. Diante do pedido, os romanos enviaram alguns navios para o golfo de Tarento. Essa atitude dos romanos rompeu um acordo anterior com Tarento e, em represália, os tarentinos afundaram alguns navios e zombaram do péssimo grego falado pelos emissários diplomáticos de Roma.

A guerra entre Tarento e Roma começou em 280 a.C. Tarento pediu ajuda ao rei

Pirro I de Épiro, o general mais competente da época. Seu exército bem treinado, com os elefantes e as *phalanxes*, sem dúvida, esmagaria os romanos amadores. Na verdade, Pirro obteve duas grandes vitórias, com suas tropas quase nas muralhas de Roma. No entanto, os romanos lutaram com bravura, aprenderam a enfrentar os elefantes e substituíram com eficiência suas perdas. Depois de uma vitória, Pirro disse que não conseguiria obter outra vitória tão "pírrica" (cara). Mas, ao ver os romanos montando o acampamento metodicamente todas as noites, Pirro admitiu que o inimigo "não era bárbaro".

Depois que Pirro partiu da Itália em 275 a.C., os romanos avançaram em direção ao sul, e Tarento foi forçada a aceitar uma aliança com Roma. Em 272 a.C., os romanos já haviam conquistado a Magna Grécia inteira.

## A LUTA PELA SICÍLIA

A ordem que Timoleon estabelecera na Sicília, sobretudo em Siracusa, não sobreviveu à sua morte em 334 a.C. Em 317 a.C., Agátocles depôs o governo de Siracusa com a ajuda de Cartago e se proclamou ditador. Agátocles conquistou o apoio das classes menos favorecidas, ao impor um clima de terror contra os ricos. Depois de romper relações com Cartago, invadiu a África em 310 a.C., porém retirou suas tropas do território africano em 307 a.C. Mas, mesmo após o insucesso na África, governou a maior parte da Sicília, capturou Corcrya (Corfu) e se intitulou rei. Depois de sua morte em 289 a.C. seu sucessor, Hicetas, foi derrotado pelos cartagineses e deposto. No caos que se seguiu à sua morte, Cartago preparou-se para conquistar a ilha até a breve intervenção do rei Pirro.

Em seguida à partida do rei Pirro, Hierão, um dos seus oficiais, assumiu o poder em Siracusa e foi proclamado rei como Hierão II, depois de derrotar o ataque de mercenários italianos. Hierão fez um governo exce-

---

### O SAQUE DE SIRACUSA

Após a morte de Hierão em 215 a.C. seu neto Hierônimo aliou-se a Cartago depois que Aníbal derrotou os romanos na batalha de Canas. Esse erro catastrófico resultou em seu assassinato em meio ao caos político. Os romanos reagiram e enviaram Marcelo, um dos melhores generais do exército romano, para conquistar Siracusa. Apesar das armas extraordinárias de Arquimedes, como catapultas e os espelhos hexagonais angulares, os romanos por fim conquistaram a cidade em um ataque surpresa em 212 a.C.

Marcelo dera ordens para pouparem a vida de Arquimedes. Mas na carnificina geral o grande cientista foi assassinado por um soldado romano que, por não falar grego, não o identificou. Arquimedes teve um destino semelhante ao de Siracusa, saqueada e destruída pelos romanos, com Marcelo roubando as melhores obras de arte. Siracusa incorporou-se à província da Sicília, onde foi capital, mas nunca recuperou sua antiga importância e vigor.

---

lente em seus 54 anos de reinado (269-215 a.C.). Ele reviveu alguns momentos do antigo apogeu de Siracusa ajudado pela esposa, Philistis, descendente de Dionísio I. Ao apoiar estrategicamente Roma na primeira guerra Púnica (264-241 a.C.), Hierão ganhou a maior parte do leste da Sicília onde estabeleceu seu reino. Hierão construiu edificações públicas grandiosas em Siracusa, a exemplo do maior altar do mundo, com 200 x 22 metros, e pediu a Arquimedes, o grande cientista, para criar armas com o objetivo de fortalecer a defesa da cidade. Hierão também mandou construir o maior navio de guerra da época com 5 mil toneladas, o *Alexandria*. A *Lex Hieronica*, o código legal do sistema

de arrecadação de impostos criado por Hierão, inspirado nos reis ptolemaicos, incidia em um décimo da produção de colheitas do reino, um imposto relativamente baixo, que os romanos copiaram. As escavações recentes de casas sofisticadas em Siracusa revelaram a prosperidade da cidade nesse período.

O resto da Sicília não teve tanta sorte, com as guerras prolongadas entre Cartago e Roma. Acragas (Agrigento), a segunda cidade mais rica da Sicília, foi duas vezes saqueada e uma vez incendiada. Em 241 a.C., a Sicília transformou-se na primeira província de Roma e suas fazendas de trigo foram exploradas de uma maneira implacável. Os escravos que trabalhavam nessas fazendas enormes revoltaram-se em massa em 135-132 e em 104-100 a.C. Nesse ínterim, a vida urbana na Grécia entrou em decadência.

*Acima: Tarento foi a cidade grega mais rica da Itália, com dois excelentes portos e a produção próspera de púrpura, uma tinta natural vermelho-escura extraída de moluscos. No entanto, apesar da ajuda do general Pirro, contratado como mercenário pelos tarentinos, foi conquistada por Roma em 272 a.C.*

*Abaixo: O Coliseu em Roma, a cidade cujo poder crescente dominou a política grega.*

# A SOMBRA DE ROMA
## 220-188 a.C.

Em 217 a.C., realizou-se uma conferência de paz em Lepanto em uma tentativa de encerrar as guerras constantes na Grécia. Agelaus de Lepanto, ao receber os representantes das cidades convidadas, mencionou a luta titânica entre Roma e Cartago, que devastava a Itália. Agora, disse, chegara o momento em que os gregos deveriam se unir como homens que andavam com dificuldade em meio a um temporal, "porque, se a nuvem que surgiu no Ocidente pairar sobre a Grécia, temo que teríamos de implorar aos deuses para nos limitarmos às nossas desavenças".

### FILIPE *VERSUS* ROMA

Essas palavras proféticas foram aplaudidas pelos delegados presentes. No entanto, Filipe V da Macedônia, que assistia à conferência, cometeu um erro fatal. Depois da grande vitória de Aníbal na batalha de Canas em 216 a.C., Filipe, assim como a maioria das pessoas, pensava que Roma iria ser destruída por Cartago e aliou-se a Aníbal. Ele tinha seus motivos, porque o poder de Roma estava pressionando a costa da Ilíria (Dalmácia) em direção à Macedônia. Mas Filipe não percebeu que Roma tinha uma enorme reserva de soldados e que se transformara, depois da primeira guerra Púnica (264-241 a.C.), na maior potência *naval* da região do Mediterrâneo. A Macedônia, por sua vez, agora tinha uma frota decadente. (Na única ocasião em que os navios macedônios entraram no Adriático, em uma tentativa de transportar reforços para Aníbal, os marinheiros fugiram assim que viram os navios romanos.)

A Primeira Guerra Macedônia (215-205 a.C.) terminou com um cessar de hostilidade e a assinatura de um tratado de paz.

*Acima: Flamínio, o general romano que derrotou a Macedônia em Cinoscéfalos em 197 a.C. e que, em seguida, prometeu a "liberdade" aos gregos em Corinto.*

*Abaixo: Um baixo-relevo do templo de Netuno em Roma datado de c.100 a.C mostra o impacto cultural crescente da Grécia na civilização romana.*

*Acima: Monumento da batalha de Canas na qual Aníbal destruiu o exército romano em 216 a.C. Depois dessa vitória, Siracusa e a Macedônia aliaram-se a Cartago.*

Roma estava muito envolvida com os acontecimentos na região ocidental do Mediterrâneo e não se preocupou em enviar um número grande de soldados para a Grécia. O tratado assinado em 205 a.C. apenas restaurou o *status quo ante*. Mas Roma tinha um interesse crescente nos assuntos gregos, enquanto alguns gregos pensavam que poderiam contar com o apoio dessa nova potência em suas disputas internas.

Em 200 a.C., Rodes e Pérgamo que desconfiavam dos selêucidas e dos macedônios, disseram aos romanos que os dois reis tinham feito um plano secreto para dividir o império ptolemaico. Talvez não tivessem feito esse pacto, mas nesse ano Antíoco III derrotou os egípcios na batalha de Panion, e anexou o sul da Síria e a Palestina. Nesse intervalo de tempo, Filipe ameaçou Rodes e Pérgamo. Então, Roma declarou guerra à Macedônia, com o envio de legiões bem treinadas a leste. Com a ajuda da cavalaria etólia, o exército de Filipe foi derrotado em Cinoscéfalos e seu poder limitou-se à Macedônia, além da perda do domínio das "correntes da Grécia", os fortes que apoiaram a dominação da Grécia. Apesar da derrota, Filipe conservou o trono da Macedônia.

## A "LIBERDADE" DA GRÉCIA

A Grécia, segundo uma declaração do general vitorioso romano, Flamínio, em um congresso realizado em Corinto, era um país independente. As tropas romanas sairiam em breve do território grego. Os gregos aplaudiram com tanto entusiasmo essa declaração que "surpresos, os pássaros caíram do ar", e saudaram Flamínio como um deus, não o primeiro nem o último romano a ser venerado como uma divindade. Mas, na realidade, Flamínio queria dizer que as cidades gregas teriam a mesma autonomia limitada das cidades "clientes" de Roma, ou seja, não eram totalmente livres. Esse equívoco ocasionou muito sofrimento. Mas Rodes, Pérgamo e Acaia aceitaram a proposta de paz, e só os etólios reclamaram por não terem ganhado nada. E, por fim, em

194 a.C. as tropas romanas retiraram-se do território grego.

## A PRIMEIRA GUERRA SÍRIA

Em 200 a.C., o poder de Antíoco III, o Grande, estava no auge. Havia restaurado a soberania selêucida no Oriente, pelo menos em tese; derrotara os egípcios e havia conquistado o sul da Síria, um projeto ambicionado por sua dinastia; e obrigou Pérgamo a recuar e, assim, recuperou o controle da região oeste da Ásia Menor até o Mar Egeu. Aos olhos desconfiados dos romanos, Antíoco queria reviver o império de Alexandre. Ainda cometeu o erro grave de receber Aníbal, o arqui-inimigo de Roma que se exilara, em sua corte. Antíoco também enviara tropas ao Helesponto, apesar dos protestos de Roma.

Em 192 a.C., a Liga Etólia pediu a Antíoco para intervir na Grécia. Depois de alguns momentos de hesitação e manobras diplomáticas, Antíoco enviou 10 mil soldados, o suficiente para irritar os romanos, mas não para impressionar os potenciais aliados gregos. Assim, começou o que Roma chamou de Primeira Guerra Síria. Derrotado pelos romanos no desfiladeiro de Termópilas em 191 a.C. (os etólios não ajudaram os selêucidas), a frota de Antíoco foi derrotada em uma batalha difícil em Mioneso pelas frotas romanas e rodienses. Em 190 a.C., o grande exército de Antíoco com 70 mil soldados, carruagens, elefantes e *cataphracts* (soldados de cavalaria protegidos com armaduras) sofreu a derrota final na Magnésia, na Ásia Menor. Cipião Africano, que derrotara Aníbal, foi responsável pela vitória dos romanos, mas a cavalaria de Pérgamo teve um desempenho brilhante ao derrotar a falange selêucida, que lutou com coragem até o fim.

Pérgamo recebeu sua recompensa dois anos mais tarde por ocasião do Tratado de Apameia, quando anexou quase a região inteira da Ásia Menor a oeste das montanhas Tauro. Rodes também obteve ganhos territoriais. Agora, o império selêucida terminava na Cilícia e Antíoco foi obrigado a pagar uma indenização de 15 mil talentos a Roma, uma soma considerável, apesar do pagamento por etapas.

*Abaixo: Aníbal, o arqui-inimigo de Roma, foi recebido na corte de Antíoco III, uma atitude do rei selêucida que provocou a inimizade de Roma.*

# A GRÉCIA CONQUISTADA
## 188-146 a.C.

Nas décadas seguintes, a política de Roma em relação aos gregos foi brutal e hipócrita ao mesmo tempo, com promessas de liberdade e repressão de qualquer sinal de independência, um reflexo da ambivalência de Roma. Apesar de não querer que nenhuma potência desafiasse a hegemonia romana, o Senado estava dividido. Alguns senadores não queriam mais intervir nos assuntos da Grécia, porém os políticos mais ambiciosos tinham a intenção de saquear e dominar a região leste da Grécia. Lá, poderiam depor os reis, serem aclamados como deuses e acumular uma fortuna sem precedentes. Além disso, no contexto dessa relação de ambivalência, os gregos procuravam os romanos para decidirem seus conflitos.

No entanto, nem todos os gregos aceitavam essa situação. Muitas cidades na Grécia e na Ásia ainda eram democratas, apesar de Roma incentivar as oligarquias, e os cidadãos democratas buscarem o apoio da Macedônia para enfrentar os romanos. Os reis também estavam descontentes e ainda lhes restava algum poder. Embora os selêucidas tivessem perdido os territórios a oeste, o império estendia-se a leste da Pérsia e ao sul da fronteira do Egito. Ao mesmo tempo, a Macedônia mantinha seus antigos territórios. O Egito ptolemaico, no entanto, estava em plena decadência, apesar de extremamente rico, apegando-se em desespero à aliança com Roma. Só o próspero Pérgamo sujeitava-se a Roma.

## A TERCEIRA GUERRA MACEDÔNIA

Em 179 a.C., Perseu sucedeu o pai Filipe V da Macedônia. Apesar de ter renovado o tratado com Roma, ele fez alianças de casamento com os selêucidas e com o rei da Bitínia (a noroeste da Ásia Me-

*Acima: Perseu, o último rei da Macedônia, foi derrotado pelos romanos em Pidna, em 168 a.C. O reino foi dividido em quatro repúblicas antes de ser anexado a Roma, em 144 a.C.*

*Abaixo: O templo circular de Hércules Victor (antes chamado templo de Vesta) em Roma foi construído no estilo helênico, provavelmente em c. 120 a.C. por artífices gregos.*

## O SAQUE DE CORINTO

Em 148 a.C., os aqueus não suportaram mais a situação de opressão em que viviam e com grande entusiasmo patriótico declararam guerra a Roma, com a expectativa que a terceira guerra Púnica, que começara há pouco tempo estaria atraindo toda a atenção dos romanos. Mas se enganaram e, em 146 a.C., um exército sob o comando de Lúcio Múmio destruiu Corinto, a cidade mais rica da Grécia. Múmio escolheu as melhores obras de arte para seu uso pessoal em meio às ruínas. Acaia tornou-se uma província romana e a Liga Aqueia dissolveu-se.

nor), enquanto reorganizava o exército. Isso alarmou Eumenes II de Pérgamo, que convenceu Roma que Perseu era uma nova ameaça. Essa situação provocou a Terceira Guerra Macedônia (171-168 a.C.), na qual Roma mobilizou um número expressivo de tropas. A derrota esmagadora de Perseu em Pidna em 168 a.C., apesar do ataque bem-sucedido da falange, marcou o final do império da Macedônia. Perseu foi levado preso com grilhões para Roma, onde morreu na prisão; a Macedônia dividiu-se em quatro repúblicas. Depois dos conflitos entre elas, Roma transformou a Macedônia em uma província, em 146 a.C.

## AS AMBIÇÕES DE ANTÍOCO

Em 175 a.C. Antíoco IV assumiu o trono selêucida. Ele era ambicioso e talentoso, além de excêntrico, e "candidatou-se à eleição" como um magistrado romano, provavelmente para ridicularizar a nova Constituição superpoderosa e confundir seus súditos. Mas mantinha as antigas ambições selêucidas em relação ao Egito. Em 169 a.C., Antíoco invadiu o Egito destruindo tudo em seu caminho. Roma enviou um emissário diplomático ao Egito, Caio Popílio, que desenhou um círculo na areia ao redor de Antíoco e lhe disse para não dar um passo adiante se não concordasse com as ordens de Roma de partir imediatamente. Antíoco não quis desafiar a autoridade romana e concordou em retirar suas tropas.

No seu retorno à Síria, Antíoco parou em Jerusalém, onde o grupo partidário do helenismo na cidade religiosa da Judeia, uma das muitas províncias controlada pelos sumos sacerdotes do reino, pedira ajuda. Sem a sensibilidade para perceber que os judeus eram *diferentes* de seus súditos semitas, Antíoco saqueou o templo, instalou tropas sírias na Judeia e construiu um templo de Zeus, o Olimpeu, no local, como parte de seu projeto de helenização. Mas a revolta violenta liderada por Judas Macabeu, o sumo sacerdote, em protesto contra essa profanação expulsou definitivamente os selêucidas da Judeia. (Roma apoiava a família sacerdotal dos macabeus.) No entanto, agora a atenção de Antíoco dirigia-se à crescente ameaça parta a leste. Com sua morte em 164 a.C., os dias gloriosos dos selêucidas terminaram, apesar de o reino ter sobrevivido por mais um século.

*À direita: Roma conquistou politicamente a Grécia, mas a Grécia dominou Roma do ponto de vista cultural. Sócrates foi um dos filósofos gregos admirado pelos romanos cultos.*

## DELOS: A CONQUISTA DA ILHA

Os romanos como represália ao apoio sem grande convicção de Rodes contra Perseu, anexaram a minúscula ilha de Delos em 167 a.C., que se transformou em um porto livre. Logo Delos converteu-se no maior mercado de escravos da época, com um fluxo de vendas de 10 mil escravos por dia.

Os escravos eram em geral gregos ou povos helenizados, vítimas da violência recente de Roma. Em 167 a.C., a população inteira de Épiro foi escravizada e 150 mil escravos abasteceram os mercados romanos de escravos. Não por coincidência, a cobrança direta de impostos foi abolida nesse ano em Roma.

## CONFLITOS ENTRE ROMA E OS AQUEUS

Em 166 a.C. Roma capturou mil reféns democratas da Liga Aqueia, apesar de seu apoio a Roma. Políbio, o historiador, era um desses reféns. Sob influência de Políbio, Philopoemon, líder da Liga Aqueia, disse: "Devemos cooperar sem objeção com nossos senhores e logo receberemos ordens ainda mais duras, ou devemos nos opor a eles na medida do possível, para... controlar seus impulsos?". Após a morte de Philopoemon em 182 a.C., os aqueus reagiram quando Roma lhes ordenou a renunciar não só a Esparta, o que seria razoável, mas também a Argos e Corinto, cidades que pertenciam à liga há gerações.

*Abaixo: O fluxo de escravos gregos cultos a Roma proporcionou aos romanos ricos uma grande quantidade de serviçais domésticos, como a criada retratada neste afresco de Herculano.*

# CAOS NA REGIÃO DO MAR EGEU
## 150-80 a.C.

Os romanos tinham motivos ambíguos e, às vezes ignóbeis, por trás de suas ações em relação aos gregos. A ambição e a desconfiança paranoica eram os mais óbvios para os gregos, embora os romanos não reconhecessem a natureza desses sentimentos. Entretanto, Roma não poderia prever as consequências desastrosas de suas ações.

### A PIRATARIA EM LARGA ESCALA

Ao transformar Delos em um "super porto" livre, que logo se tornou muito popular entre os comerciantes italianos, Roma eliminou a base da riqueza de Rodes. A frota de Rodes enfraquecida voltou-se para a pirataria, agora em uma escala bem maior. Atenas, que em tese recuperara Delos, não tinha mais a força ou a vontade de retomar sua antiga talassocracia.

Em 100 a.C., os piratas alojados em fortalezas em Creta, Lícia e Cilícia, saqueavam os navios mercantes e as povoações costeiras do Mar Mediterrâneo. A escravidão era uma de suas atividades principais e eles atacavam

*Acima: Sula, o general romano cruel e extremamente eficiente, saqueou muitas cidades gregas em 86 a.C.*

*Abaixo: O templo de Posêidon em Sunião nos arredores de Atenas. O templo escapou ao destino da cidade saqueada pelo general Sula, em razão do apoio a Mitrídates, rei de Ponto.*

*Acima: A ágora dos italianos em Delos. Depois do status de porto livre por determinação de Roma em 166 a.C., Delos prosperou e atraiu muitos homens de negócios italianos.*

navios gregos e romanos sem discriminação. Certa vez capturaram o jovem Júlio César. À espera do resgate que seria pago para libertá-lo, César disse aos seus captores que os pegaria e os crucificaria. Os piratas riram, mas Júlio César cumpriu sua palavra. Apesar dos ataques dos piratas na costa da Itália, onde capturaram magistrados romanos na região costeira do Lácio, os romanos não tomaram uma atitude para reprimir a pirataria até a *Lex Gabinia* de 67 a.C.

## REFORMA TRIBUTÁRIA E CORRUPÇÃO

A situação agravou-se ainda mais na Grécia com as concessões feitas por Caio Graco aos *publicani* romanos (os publicanos cobravam impostos nas províncias) em 122 a.C., para obter apoio às suas reformas radicais. Essa medida causou uma nova corrupção na administração provincial romana. Os impostos cobrados em províncias como a Macedônia e a Acaia não eram mais elevados do que antes, mas os publicanos extorquiam impostos dos habitantes indefesos da região rural em benefício próprio. Essa foi uma maneira desastrosa de arrecadar renda.

No século I a.C., o governo de Roma começou a ser odiado, quando os procônsules tornaram-se abertamente corruptos, por saberem que não corriam risco de serem julgados em Roma. Como Cícero, o grande escritor romano, disse: "Não existem palavras para expressar como somos odiados pelos estrangeiros, por causa do comportamento desonesto de homens que enviamos para governá-los".

O processo judicial bem-sucedido movido por Cícero contra Caio Verres, o go-

# ÍNDICE

Edfu 131
Efebos 114
Éfeso 57, 129, 136
Egito 43-9, 51, 54, 65-69, 127-30, 131-4
Elefantes, guerra 73-4, 91-5, 98, 123-5, 129, 135, 141, 153, 157
Emacia, planície 12
Epaminondas de Tebas 116
Epicuro 147
Epímaco 122
Épiro 16, 34, 36, 152, 153
Erasmo, Desidério 177
Escravidão 161
Escrituras, em grego 177
Escultura 54, 123, 142
Esfacteria 112
Esfero 150
Esmirna 172
Esparta 25, 29, 29, 40, 44, 56, 71, 113, 115, 116, 145, 149
Espártaco 164
Espitamenes 86, 88
Ésquilo 178
Ésquino 30
Estagira 21, 33
Estrabão 76
Etólios 13
Eubeia 16
Eucrátides I, rei da Báctria 140
Eumenes I, rei de Pérgamo 139, 151
Eumenes II, rei de Pérgamo 139, 151, 159
Eurimedonte, batalha de 115
Eurípedes 14, 33
Eutidemo I, rei da Báctria 141
Exércitos 20, 29, 53, 62, 73, 107-8, 114, 137

Falange 20, 20, 39, 41, 110, 157, 159
Farol de Alexandria 132
Faros 68
Farsalos, batalha de 166
Fenícia 45, 46, 63, 135
Filipe II, rei da Macedônia 11, 14, 15, 18, 20, 21, 24, 27, 28, 38, 45, 56, 71, 108
Filipe III, rei da Macedônia 128
Filipe V, rei da Macedônia 139, 145, 148, 158
Filípolis 17
Filipos 15, 16, 19, 21, 166, 168
Filistinas 64
Filócrates, paz de 22
Filosofia 8, 98, 140, 146, 147, 173, 174, 176
Filotas 84
Flamínio 156
Florença, Concílio de 176
Fócis 121
Frigia 42, 45, 54, 129
Fundadores dos Estados Unidos 177
Fundeiros 38, 41, 73, 111, 112, 113
Galo, Caio 170
Gaugamela, batalha de 42, 53-5, 72-4, 112, 123
Gauleses 130, 138, 139, 144, 147
Gaza 65, 122
Górdio 55
Graco, Caio 162
Grânico, batalha de 48, 53-4, 55-7, 87, 105
Guerra de cerco 63-4, 120-2
Guerras Macedônias 139, 141, 143, 146, 149, 151
Guerras persas 44, 107
Guerras Púnicas 139, 153, 155, 159
Guerras Sírias 132
Gymnsophists 98
Halicarnasso 48, 58, 59, 122
Harmódio 42, 78
Hárpalo 97
Hefestião 31-2, 50, 61, 72, 75, 83, 90, 98, 100-1

Helenismo 103, 176-8
Helesponto 19, 49
Heracles 13, 28
Herão II, rei da Siracusa 125
Herat 86, 141
Herodes, o Grande 170
Heródoto 66, 75, 91
Hesíodo 13
Hicetas 153
Hidaspes, batalha de 91, 94, 124
Hierão II, rei da Siracusa 152
Hierônimo, rei de Siracusa 153
Hindu Kush 128
*hippeis* 111
Homero 31, 34, 108, 117
Homossexualidade 30, 83
Hoplitas 73, 83, 107-16, 149
Horácio 174
Iambulus 151
Ifícrates 113
Ilíria 22
Imortais 47, 60, 100
Império aquemênida 43, 136
Império macedônio 11-80
    Casamentos de Susa 98
    Colônias 12, 86
    Conquista da Pérsia 40-1, 49-84
    Escravidão 19
    Exército 18, 41, 73, 99
    Limites 91-6
    Marinha 41, 119, 137
Império Persa 42-8, 63-4, 78-9
Império selêucida 134, 157
Impostos 37, 48, 57, 132, 135, 136
Índia 81, 90, 93, 95, 140-2
Índico, oceano 95
Indo, rio 91, 92
Ipso, batalha de 124, 129
Isócrates 40, 143
Isso, batalha de 60-1
Jasão, rei de Feras 40
Jerusalém 159, 165
Jogos olímpicos 12, 13, 17, 28, 100, 176
Jogos píticos 22
Judas Macabeu 159

## 182 A EXTRAORDINÁRIA HISTÓRIA DE ALEXANDRE, O GRANDE

Judéia 159, 170, 172
Judeus 132, 135, 159, 165, 168
Justiniano, imperador romano 176
Keats, John 178
Khorasan, estrada 47
Krinides 16
Ksandrames 93
Kushans 142
Lamiaca, guerra 128, 146
Laodiceia 134
Leônidas 29
Lepanto 139, 144
Lepanto, conferência 155
Lesbos 33
Leuctra, batalha de 116
Lex Gabinia 162
Líbia 53, 69, 128
Lícia 148, 161
Liga Aqueia 144-5, 150, 159, 160, 177
Liga Calcídica 21
Liga Etólia 139, 143-5, 150, 157
Liga Pan-helênica 25, 38, 56, 143
Lincéstide 12, 13, 37
Lincoln, Abraham 178
Língua grega 42, 175-6
Lisandro 71, 192
Lisímaco 29, 129, 130
Lísipo 57
Lúculo 164, 165
Macedônia 11-26, 30, 32-7, 39-41, 48, 53-4, 56-65, 83-4, 89, 95, 99, 105, 130, 137-9, 155, 159
Magnésia, batalha de 110, 125, 139
Malianos 95
Mar Cáspio 30, 82, 83, 102
Mar Negro 87, 148
Maratona, batalha de 110
Marcelo 124, 125, 153
Marcha dos 10 mil 60, 95
Mardônio 13
máuria 129, 141, 142
Mausolo, rei de Caria 145
Mazaios 72, 73, 74, 76
Media 47, 97

Medici, Cosimo de 176
Medos 34
Megalópolis 145
Meleagro 93
Mêmnon 48, 58, 59, 60, 61
Menandro 142, 147
Mênfis 67, 68, 71, 133
Mercenários 56, 62, 110
Merv 140, 142
Meshed 84
Mesopotâmia 78, 129, 135
Messênia 25, 145
Metone 16, 19, 21
Michelangelo 178
Mieza 31, 33
Mileto 58, 71, 129
Minas de prata em Lavrio 147
Mioneso, batalha de 157
Mistérios de Elêusis 175
Mitrídates Eupator 163
Mitrídates I, rei de Ponto 164
Mitrídates V, rei de Ponto 163
Mitrídates VI, rei de Ponto 163-4, 165
Motia, cerco de 121-2
Multan 95, 97, 98
Múmio 159
Nábis, rei de Esparta 151
Nearco 29, 51, 87, 95, 96, 97, 98
Neoclássico 177
Neoplatônico 177
Nero, imperador romano 170, 174, 175
Nicéia 47, 94
Nîmes 173
Nó górdio 59
Olímpia 13, 176
Olímpias 13, 16, 21, 29, 58
Olimpo, monte 12, 13, 19, 26, 29, 36, 91
Olinto 12, 16, 19, 21
Onesícrito 51
Onomarco de Fócis 121
Orcômeno 25, 163
Orestiada 13
Oropo 24
Orsines 98
Otávio ver Augusto 169, 170

Oxiana 85, 140, 179, 182
Panfília 59
Pangeu, monte 16, 20, 24, 41
Panion, batalha de 156
Parmênio 16, 26, 37, 49, 50, 55, 57, 62, 84
Partia 164, 169, 171
Pasárgada 97
Pausânias 26, 36, 37
Pax Romana 127, 170, 171, 172
Paz de Antálcidas 57
Pedra de Roseta 67
Pela 14, 19, 20, 21, 22, 34,
Peltastas 112, 133
Peôneos 15
Pérdica 128, 131
Pérdicas II, rei da Macedônia 14
Pérdicas III, rei da Macedônia 15
Pergaminho 139
Pérgamo 137, 138-9, 147, 156, 179-80
Perge 134
Péricles 172, 178
Perinto 34, 45
Persépolis 78, 79, 80, 82, 97
Perseu, rei da Macedônia 158, 159, 160
Peucesta 98
Philopoemon 160
Phormion 115
Pidna 15, 16, 110, 158, 159
Píndaro 39
Pirataria 148, 161, 162, 165, 172
Pireu 114, 130, 147
Pirro, rei de Épiro 138, 152, 153, 154
Platão 33, 36, 66, 103, 176, 177
Plateia 25, 109, 111, 116
Plauto 147
Plínio, o Jovem 171
Plutarco 28, 51, 56, 169
Poesia 148
Políbio 145, 160
Polídio da Tessália 21
Pompéia 99, 174, 177
Pompeu, o Grande 104, 165,

com um motim no exército e as táticas hábeis de Mitrídates. Aos poucos, no entanto, ele exauriu as forças de Mitrídates com os atributos romanos usuais, a tenacidade e a disposição de suportar grandes perdas de vidas humanas. Por fim, Mitrídates refugiou-se nos domínios do genro na Armênia. (Tigranes estendera seu poder em direção ao sul e conquistara um grande reino.) Antes que Lúculo conseguisse matá-los, foi chamado a Roma em 66 a.C. e o substituíram por um general mais enérgico.

## POMPEU, O GRANDE

Pompeu era relativamente jovem e com uma bela aparência física, além de uma excelente carreira militar quando a *Lex Gabinia* lhe deu amplos poderes para, em apenas três meses, eliminar a pirataria no Mediterrâneo, com mais subornos e ameaças do que com uma ação militar.

Em 66 a.C., o povo romano impaciente substituiu Lúculo no comando do exército pelo general vitorioso. Nos quatro anos seguintes, Pompeu conquistou o título de "o Grande", que, na verdade, já havia assumido, pela associação de diplomacia e força. Depois de expulsar Mitrídates de Ponto, para onde havia voltado, obrigou-o a refugiar-se em seu último reduto, uma fortaleza em Bósfaro Cimério. Nessa fortaleza Mitrídates suicidou-se com sua espada após a tentativa fracassada de se envenenar. Mitrídates, supostamente, se tornara imune a todos os venenos com a ingestão diária de um antídoto.

Com a morte de Mitrídates, Pompeu reorganizou o cenário político da Ásia. O império de Tigranes foi eliminado, mas ele continuou a controlar seus territórios na Armênia, que se tornou um Estado cliente de Roma. O mesmo aconteceu com os pequenos reinos do Cáucaso ao mar Vermelho. Pompeu, ao conquistar Jerusalém, entrou no templo sagrado de Jerusalém e, inadvertidamente, cometeu uma ofensa grave aos judeus. A Judeia também se transformou em um Estado cliente. O antigo império poderoso dos selêucidas converteu-se na província romana da Síria, o novo centro do poder de Roma na Ásia. A estratégia de Pompeu foi brilhante; quase duplicou as receitas de Roma e sua hegemonia prolongou-se por mais cem anos. De volta a Roma Pompeu comemorou outra vitória em 62 a.C.

## A GRÉCIA NO CAMPO DE BATALHA

Em 49 a.C., outras guerras civis eclodiram na Itália, quando César depois de conquistar a Gália, "atravessou o Rubicão" e entrou em Roma sem dispersar o exército. (Seus inúmeros inimigos impediram que mantivesse o cargo de cônsul *in absentia,* e voltar a Roma como um cidadão comum seria um suicídio.) A Grécia transformara-se em um campo de batalha em meio à disputa da supremacia das fa-

*À direita: Pompeu foi o principal rival de César na luta pela supremacia em Roma.*

*Acima: A entrada de Pompeu no templo de Jerusalém. Esse ato sacrílego não intencional enfureceu os sacerdotes judeus e alguns deles foram mortos por soldados romanos após se rebelarem. Ilustração de um manuscrito medieval de Jean Fouquet.*

mílias romanas. Pompeu voltou à Grécia onde foi derrotado em 40 a.C. na batalha de Farsalos na Tessália e pouco depois foi assassinado ao chegar ao Egito. César, por sua vez, teve um destino diferente no Egito, ao conhecer a jovem Cleópatra VII, que governava o Egito junto com o irmão Ptolomeu XIII. Júlio César e Cleópatra tiveram uma relação amorosa e um filho, Cesário. Depois de reprimir uma revolta, César proclamou-a a única governante do reino.

Depois do assassinato de César em 44 a.C., outras guerras civis romanas devastaram o mundo grego. Os conspiradores do assassinato ou "libertadores", como Brutus e Cássio se intitulavam, recrutaram novas tropas na Grécia. Para pagar o soldo dos soldados, Cássio extorquiu ainda mais dinheiro das cidades já arruinadas da Grécia. Brutus e Cássio foram derrotados por Marco Antônio nas duas batalhas de Filipos em 42 a.C. O Império Romano dividiu-se com Marco Antônio no controle do leste do império e Otávio, filho adotivo de Júlio César, no domínio da região oeste.

# CLEÓPATRA E ANTÔNIO
## 50-30 a.C.

Em 50 a.C., só o Egito, com uma riqueza fabulosa, não pertencia ao Império Romano. Os reis ptolemaicos confiavam no apoio de Roma contra agressões externas, mas internamente o poder era precário. Os conflitos em Alexandria eram cada vez mais constantes, enquanto os *fellahin* sobrecarregados de impostos e os sacerdotes não suportavam mais a dinastia ptolemaica. O casamento entre irmãos, um costume egípcio que os reis ptolemaicos adotaram, talvez explique a debilidade dos governantes masculinos posteriores. As rainhas, por outro lado, eram implacáveis e dinâmicas. Antes do final da dinastia, uma das grandes rainhas do Egito tentou restaurar a glória do período ptolemaico.

Cleópatra VII, filha de Ptolomeu XII, nasceu em 69 a.C. A partir de 51 a.C., reinou no Egito junto com o irmão mais jovem e marido, Ptolomeu XIII. Quando Pompeu, derrotado por Júlio César na Grécia, fugiu para o Egito em 48 a.C., os agentes de Ptolomeu XIII o executaram e apresentaram sua cabeça decapitada a César, na expectativa de agradá-lo. Mas César orgulhava-se de sua tendência de perdoar as ofensas e suavizar os castigos. Porém não resistiu aos encantos da jovem Cleópatra, que entrou em seu quarto escondida em um tapete. Ou assim dizem as lendas.

### CLEÓPATRA E CÉSAR

Cleópatra, segundo as imagens da época, não era uma mulher bonita, mas era inteligente, charmosa e perspicaz. Além disso, tinha a ambição de restaurar o antigo império da dinastia ptolemaica. César, e Cleópatra tiveram uma relação amorosa e um filho, Cesário. César apoiou-a na luta pelo poder contra o irmão, mas Alexandria revoltou-se diante da intervenção romana. Os conflitos violentos nas ruas de Alexandria provocaram o incêndio da biblioteca e quase causaram a morte de César e Cleópatra. Eles foram sal-

*Acima: Cleópatra, como este busto indica, não era bonita, mas era inteligente, charmosa e muito rica, qualidades que Antônio apreciava.*

*À esquerda: O encontro de Antônio, o general romano vitorioso no Oriente, e Cleópatra, a última rainha helenística do Egito, que vivia em meio ao luxo e esplendor, retratado nesta ilustração pelo grande pintor do século XVIII, Tiepolo.*

*Acima: Cleópatra retratada por Cabanel, um pintor francês do século XIX, não era egípcia de descendência e cultura. Mas a propaganda romana a descrevia como uma femme fatale oriental e decadente, que enfeitiçara Antônio.*

vos por guardas judeus e, após esse incidente, César se tornou um simpatizante da causa judaica. Em seguida, Cleópatra assumiu sozinha o trono do Egito. Em meados do ano de 47 a.C., depois de restaurar a ordem no reino, César voltou para Roma. Cleópatra o seguiu pouco depois e presenciou seu assassinato em 44 a.C. e a eclosão de mais uma guerra civil. Cleópatra voltou para o Egito, onde acompanhou os acontecimentos que se desenrolavam em Roma.

## OS GRANDES AMANTES

Marco Antônio fora o fiel tenente de César e orador do discurso em seu funeral. Agora, teve de aceitar a participação de Otávio, sobrinho-neto de Júlio César e seu filho adotivo no segundo triunvirato romano (pacto) em 43 a.C. Mas Marco Antônio tinha a reputação de ser um soldado mais competente e, na opinião de muitos romanos, um homem mais respeitável. Além disso, mantinha boas relações com os gregos.

Depois da vitória na batalha de Filipos em 42 a.C., Antônio passou o primeiro semestre desse ano em meio a discussões e jantares, antes de partir para o leste da Ásia onde seria aclamado como o deus Dioniso pelos gregos da Ásia. Porém, embora divino, seus recursos eram escassos. Quando pediu a Cleópatra para encontrá-lo em Tarso, seu interesse era apenas financeiro. Mas Cleópatra fez uma entrada espetacular: "O barco em que estava reclinada em um divã, como um trono reluzente/Queimava a água. As ondas douradas batiam no tombadilho/As velas púrpuras eram tão perfumadas/Que os ventos se apaixonaram por elas". Assim Shakespeare, depois de Plutarco, descreveu a cena da chegada de Cleópatra. Antônio apaixonou-se por Cleópatra e foi correspondido, e os dois partiram para Alexandria onde passaram um inverno de paixão e luxo. Os dois fundaram a Sociedade dos Seres Inimitáveis e divertiam-se à noite navegando pelo Nilo. Quando ele apostou que Cleópatra não conseguiria comer um jantar que custasse um milhão de sestércios, ela dissolveu uma enorme pérola no vinho e o bebeu. O papel de Antônio como Dioniso era adequado, porque o deus do vinho era a divindade patrona da dinastia ptolemaica. Por sua vez, Cleópatra vestia-se com frequência como a deusa Ísis.

Enquanto isso, Otávio enfrentava uma série de problemas graves – revoltas na região central da Itália e ataques nos suprimentos de grãos de Roma –, que o obrigou a pedir ajuda a Antônio que não a negou. Mas a grande ofensiva de Antônio em Pártia em 36 a.C. foi desastrosa, embora tivesse conquistado a Armênia como país cliente em 34 a.C. Na cerimônia de "doações a Alexandria" nesse ano, Antônio sentou em um trono ao lado de Cleópatra, enquanto ela era saudada como a Rainha dos Reis. Ele deu províncias do Império Romano aos seus dois filhos com ela, e saudou Cesário, filho de César, como Rei dos Reis. As ambições de Cleópatra concretizaram-se.

*À direita: Antônio agonizante, depois de enfiar a espada no peito, reuniu-se a Cleópatra no mausoléu onde ela se recolhera.*

## DECLÍNIO E QUEDA

A relação entre Antônio e Cleópatra foi uma excelente propaganda política para Otávio. Os poetas diziam que Antônio estava enfeitiçado por uma *femme fatale* oriental. No entanto, quando a guerra eclodiu em 32 a.C., um terço do Senado se uniu a Antônio, cujas tropas ainda eram numerosas. Contudo, Antônio decepcionou seus seguidores romanos, ao permitir que Cleópatra se reunisse a ele na Grécia, e as deserções começaram. A batalha final em Ácio em 31 a.C. foi um anticlímax, e Antônio e Cleópatra fugiram para Alexandria onde passaram mais um inverno de paixão. No ano seguinte Otávio os seguiu. Depois de outra derrota, Antônio se suicidou. Agonizante reuniu-se a Cleópatra no mausoléu que ela construíra. Lá, ela enganou Otávio e matou-se com o veneno das áspides. Se Antônio tivesse vencido a guerra, o Egito continuaria independente por mais tempo e as cidades gregas teriam mais liberdade, mas o Império Romano não sofreria uma mudança radical.

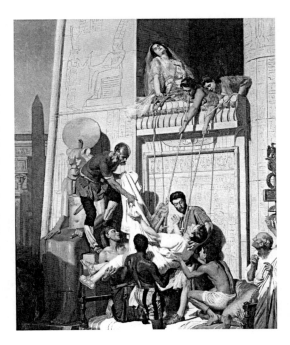

# AUGUSTO E A *PAX ROMANA*
## 27 a.C.–14 d.C.

A morte de Cleópatra VII marcou o final da era helênica. O mundo grego a oeste do Rio Eufrates foi dominado pelos romanos, direta e indiretamente. Grande parte fora devastada pelas guerras civis de Roma. O avô de Plutarco, o historiador, foi obrigado a carregar sacos de grãos nas costas nas montanhas para alimentar o exército de Antônio durante a campanha de Ácio em 31 a.C.; Corinto arruinara-se; Atenas, ainda um centro intelectual respeitado, perdera o vigor; assim como as brilhantes cidades da Jônia.

### O REINADO DE AUGUSTO

Augusto, o título concedido a Otávio, triunfara como líder da reação dos romanos contra o que descrevia como um mundo helenístico decadente. No início, os gregos tinham poucas expectativas em relação a esse imperador romano (do latim *imperator*, comandante), mas surpreenderam-se com sua administração. Augusto passou dois anos no Oriente reorganizando as posições militares estabelecidas por Antônio e Pompeu. Herodes, o Grande, manteve o título de rei da Judeia, assim como os governantes das províncias gregas insignificantes nos arredores das províncias orientais de Roma.

As fronteiras do Império Romano com províncias como a Síria eram administradas por legados nomeados pelo imperador que, com frequência, comandavam as legiões instaladas nessas províncias. Só o Egito recebeu um tratamento diferente, ao se transformar em um feudo de Augusto governado por um cavaleiro e não um senador. Essa decisão política refletiu a preocupação em ceder o poder a rivais potenciais no Senado. Caio Sulpício Galo foi o primeiro governante do Egito, escolhido por ser um poeta e, assim, poderia conquistar a simpatia dos alexandrinos. (Infelizmente, o poder lhe subiu à

*Acima: O canal de Corinto cuja construção se iniciou durante o reinado do imperador fileleno Nero, em 66 d.C.*

*Abaixo: O teatro em Taormina, Sicília, onde uma superestrutura romana apoiava-se em uma base grega, é um exemplo da mistura da cultura grega e romana. Taormina tinha uma origem grega, apesar de a Sicília só ter sido helenizada sob o Império Romano.*

*Acima: O templo de Adriano em Éfeso, uma das muitas cidades jônicas que prosperaram no século II d.C. durante a longa Pax Romana. O imperador Adriano foi um grande admirador da civilização e da cultura gregas.*

cabeça e, pressionado, Caio Galo suicidou-se.) Sabiamente, Augusto opôs-se a atacar a Pártia. Apesar de ter expandido as fronteiras ao norte em direção à região do Mediterrâneo, o reinado de Augusto marcou o início de um longo período de paz, a *Pax Romana* do império.

## O GOVERNO LOCAL

Muitas províncias do mundo grego como a Acaia, a Macedônia e a Ásia (a oeste da Anatólia) eram governadas por procônsules nomeados pelo Senado e supervisionadas pelo imperador. As cartas trocadas entre o imperador Trajano e Plínio, o Jovem em *c.*110 d.C. mostram como essa supervisão era minuciosa. Os procônsules tinham poucas tropas, porque o Império Romano vivia um período de paz e um governo pouco autoritário. A maior parte da administração era realizada pelos cidadãos locais.

O império intitulava-se uma "confederação de cidades", embora a população fosse na maioria rural. Mas as aristocracias locais — Roma nunca incentivara os regimes democráticos nem os republicanos — administravam suas cidades, competiam para construir templos cada vez maiores, banhos públicos e teatros. Algumas cidades como Tarso usufruíam dos direitos romanos e, portanto, cidadãos como Paulo eram cidadãos romanos. O imperialismo sem rigidez de Roma originava-se da ausência de burocracia, o que refletia as preferências dos romanos. Apesar de uma administração direta, o conselho municipal de Alexandria fora extinto há muito tempo.

## A RETOMADA DA PROSPERIDADE

O Império Romano construiu uma rede extraordinária de estradas, que se estendiam por 80 mil quilômetros de extensão e conectavam as cidades do impé-

*Acima: O templo de Hera em Acragas na Sicília, parcialmente reconstruído durante a Pax Romana, era um templo típico de muitas cidades gregas.*

## AS REFORMAS TRIBUTÁRIAS

A mudança na coleta de impostos foi de importância vital no reinado de Augusto. César quis eliminar os publicanos exploradores e odiados, mas Augusto, mais cauteloso, aos poucos os substituiu por funcionários de sua confiança. A cobrança de impostos na maioria das províncias era relativamente pequena. Os impostos sobre as vendas, por exemplo, eram de apenas 1% e os impostos alfandegários de 5%. Os publicanos, ambiciosos e sem escrúpulos, provocavam revolta na população como na Britânia em 61 d.C. e na Judeia em 66 d.C.

## DOIS SÉCULOS DE PAZ

No final de sua vida em 14 d.C., o imperador Augusto ficou comovido com uma homenagem que lhe foi prestada. Os passageiros e a tripulação de um navio que chegara de Alexandria, uma das mais importantes cidades helenísticas, ofereceram coroas de flores e queimaram incenso em sua homenagem, dizendo que deviam suas vidas e a liberdade de navegar pelos mares a ele.

A paz e a prosperidade prolongaram-se por mais dois séculos. As muralhas da maioria das cidades, não só das cidades das fronteiras do império, como também as muralhas de Roma, ruíram em um período de extraordinária paz, sem precedentes na história. Não causa surpresa, portanto, que os gregos cultuassem o imperador Augusto e seus sucessores como divindades, culto que os imperadores mais sábios e prudentes não se vangloriavam em Roma.

rio recém-reorganizado. Esse meio de transporte estimulou o comércio, mas o comércio marítimo ainda predominava, sobretudo, com a repressão à pirataria iniciada por Pompeu e mantida por Augusto e seus sucessores.

Em consequência, Corinto, reconstruída por Augusto, reviveu sua prosperidade como um porto rico da região do Mediterrâneo. As antigas cidades jônicas como Mileto, Éfeso e Esmirna enriqueceram, com uma população de mais de 100 mil habitantes, assim como as cidades helênicas de Alexandria e Antioquia. Atenas teve uma recuperação econômica modesta, com a exportação do mármore originário do monte Pentélico, famoso entre os escultores, e artesãos, além de um centro de ensino de jovens aristocratas romanos. Augusto construiu uma grande ágora, um *odeion* (teatro coberto) e um pequeno templo para o culto de Roma e de Augusto na Acrópole, com ênfase no poder de Roma no centro da Grécia.

*À direita: Um camafeu de Augusto, o primeiro imperador romano (27 a.C-14 d.C.). Augusto admirava o período clássico da Grécia Antiga, no qual se destacou Péricles, o grande estadista que governou Atenas durante 30 anos.*

# A SÍNTESE GRECO-ROMANA CÍCERO A ADRIANO,
## 80 a.C.-138 d.C.

Em 80 a.C., um jovem político romano extremamente ambicioso chegou a Atenas para estudar filosofia. Ele foi um dos muitos romanos que ao longo dos 400 anos seguintes foram estudar filosofia e retórica na Grécia. A estadia de Cícero em Atenas teve um profundo impacto na filosofia nos 1.500 anos seguintes na Europa ocidental. Embora seu interesse principal fosse a política, ele dedicou-se a escrever sobre filosofia quando foi obrigado a se afastar, temporariamente, da vida pública com a ascensão de César ao poder na década de 40 a.C. Em alguns anos ele resumiu em latim grande parte do pensamento grego, em especial a doutrina estoica, em *De Republica* e *De Finibus* ("Referente aos mais elevados propósitos"). Em seus livros, que se preservaram intactos, ao contrário da maioria da literatura antiga, ele criou equivalentes latinos para termos filosóficos básicos como moralidade, qualidade e felicidade.

*Acima: Busto de Cícero, o orador, escritor e político romano, que sintetizou e traduziu para o latim muitas obras filosóficas gregas preservando-as para a posteridade.*

*Abaixo: A Maison Carré em Nîmes, uma colônia romana no sul da França. O templo construído no reinado de Augusto personificou a síntese greco-romana com suas colunas em estilo grego clássico, mas com um projeto arquitetônico romano.*

O trabalho de Cícero em traduzir e sintetizar o pensamento grego exemplifica a crescente fusão greco-romana.

Após 200 a.C., a cultura grega difundira-se em Roma com as obras de arte saqueadas e os milhares de escravos, em geral, mais cultos do que seus senhores. Os escravos assumiram funções de secretários, bibliotecários, médicos e tutores. Enquanto os nobres romanos consideravam os gregos politicamente irresponsáveis, hipócritas e decadentes, muitos romanos admiraram a cultura grega quase sem restrições por algum tempo.

O templo de Hércules Vitor construído em Roma em c.120 a.C. era um círculo perfeito com colunas elegantes de mármore de estilo grego. As pinturas nas paredes também seguiam o estilo grego, como as pinturas de Pompeia preservadas em razão da erupção do Vesúvio, que, provavelmente, haviam sido pintadas por artistas gregos que trabalhavam para seus senhores romanos. Na época de Cícero, os romanos cultos eram fluentes em grego. Um século mais tarde Quintiliano, o gramático romano e professor dos filhos dos imperadores, sugeriu que esses jovens deveriam aprender grego antes do latim por ser essencial para a educação deles.

## A INFLUÊNCIA DE NERO
"A Grécia cativa subjugou seu conquistador e introduziu a arte no Lácio rústico", escreveu Horácio, um dos poetas preferidos do imperador Augusto. Apesar dessa inferioridade cultural de Roma ter diminuído no início do século I d.C., graças a Horácio e outros grandes poetas latinos como Virgílio, a Grécia ainda era exemplo de cultura refinada para muitos imperadores.

Em 54 d.C., Nero, o último descendente de Augusto então com 17 anos, foi proclamado imperador. Com um interesse artístico genuíno, embora sem talento, ele incentivou o trabalho de artistas e arquitetos, sobretudo os que construíam e ornamentavam seus novos palácios imperiais, e de dramaturgos. Sêneca, tutor de Nero e primeiro-ministro, escreveu livros sobre filosofia e tragédias, que apesar de não terem sido encenadas na época, mais tarde influenciaram muitos dramaturgos como Shakespeare. Mas Nero atuou em público em algumas peças, uma atitude considerada vergonhosa para um nobre romano, primeiro em Nápoles, ainda uma cidade grega. Ele também tentou sem sucesso introduzir as competições esportivas gregas em Roma. Quando Nero participou dos Jogos Olímpicos, ele ganhou *todos* os prêmios, a primeira e a última vez que isso aconteceu. Nero

*Abaixo: Admeto e Alceste consultando o oráculo, um afresco da Casa do Poeta Trágico em Pompeia, mostra como os mitos e estilos gregos eram populares na Itália no século I d.C. Esse afresco era uma cópia de um original helênico.*

promoveu a "liberdade" das cidades gregas e deu ordens para construir o canal de Corinto, embora os engenheiros tenham interrompido a obra ao encontrarem um leito de rocha. O reinado de Nero terminou com uma guerra civil em 68 d.C. e houve uma breve reação romana no governo de seus sucessores.

## O IMPERADOR FILELENO

Em 128 d.C., o imperador Adriano construiu o Panteão, o templo dedicado a todos os deuses, em Roma. O mais famoso e bem preservado dos templos romanos ilustra a síntese greco-romana. Atrás de um pórtico gigantesco de estilo grego, surge uma cúpula majestosa de concepção romana. Adriano, que mandara construir o templo e que talvez tenha ajudado a projetá-lo, foi o maior imperador fileleno do Império Romano, a ponto de seus inimigos o apelidarem de Gréculo (*graeculus*).

Atenas era sua cidade preferida e ele a elegeu líder de uma nova liga pan-helênica, construiu na cidade um novo bairro no estilo romano de urbanismo terminou a construção do templo dedicado a Zeus, o Olimpeu, iniciado há 640 anos. Adriano foi eleito arconte (o cargo ainda existia), iniciou-se nos mistérios de Elêusis, um dos ritos mais sagrados da Grécia, e usava barba como um filósofo grego.

A paixão por Antínoo, um jovem de descendência nobre e, portanto, da mesma classe social, a quem deveria cortejar e não violentar, também era uma característica da Grécia Clássica. O sofrimento de Adriano com a morte de Antínoo chocou muitos romanos, mas em seu reinado (117-138 d.C.) metade do império de língua grega por fim recuperou a confiança e começou a fornecer funcionários importantes. Adriano também promoveu a codificação sistemática das leis romanas, um trabalho pragmático enriquecido pelo humanismo e idealismo gregos.

## A DUPLA INFLUÊNCIA

Os gregos também sofreram influência dos romanos. Os gregos adotaram algumas características da arquitetura romana como arcos e abóbadas. As lutas de gladiadores muito populares em Roma também foram introduzidas no mundo grego. As revoltas iniciais, como a de Antioquia, desapareceram quando os gregos começaram a gostar dessas lutas brutais. Ainda mais importante e significativa foi a criação de uma nova classe dominante greco-romana, como o orador Aélio Aristides e o historiador Dio Cássio, grego nomeado cônsul de Roma. Em 200 d.C., a cultura greco-romana predominava no império.

*À direita: O imperador Adriano em cujo reinado (117-138 d.C.) os gregos ocuparam uma posição semelhante à dos romanos. Adriano foi eleito arconte de Atenas, uma cidade que ele amava profundamente.*

# O RENASCIMENTO GREGO
## RENOVAÇÃO E RESTAURAÇÃO

A antiga Grécia acompanhou o declínio de Roma. Os últimos Jogos Olímpicos foram realizados em 393 d.C.; cinco anos depois a invasão dos visigodos devastou a península e saqueou os templos. Por fim, a Academia em Atenas foi fechada em 529 d.C. por ordem de Justiniano, imperador do Império Romano do Oriente. O cristianismo, embora de língua grega, foi tão hostil ao helenismo como os bárbaros. Em 600 d.C. o conhecimento acumulado pelos gregos desapareceu na Europa ocidental. "*Graceum est: non legitur*" ("é grego, mas não lido"), escreviam os monges medievais ao lado de trechos em grego. Só traduções de Aristóteles em árabe, que preservaram algum conhecimento grego, restauraram o interesse por esse filósofo no século XIII.

*Acima: Desidério Erasmo (1466-1536), o erudito renascentista que aprendeu grego para traduzir a Bíblia, involuntariamente abriu caminho para a Reforma.*

*Abaixo: O estádio de Olímpia, local dos antigos Jogos Olímpicos realizados pela última vez em 393 d.C.*

### O RENASCIMENTO DO HELENISMO

No entanto, o fantasma da Grécia ainda existia. Em 1438, o Concílio de Florença tentou reconciliar as diferenças entre as igrejas do Oriente e do Ocidente sem grande sucesso. Mas o arcebispo Basílio Bessarion, um erudito bizantino que permanecera na Itália, ajudou os gregos que fugiram de Constantinopla depois de sua conquista pelos turcos em 1453. Os gregos trouxeram manuscritos, sobretudo de Platão, o maior filósofo da Grécia, e Bessarion os guardou. Na Florença renascentista, Cosimo de Medici fundou a Academia Platônica em 1462 para o estudo de grego e filosofia. Pouco depois, o aniversário de Platão foi comemorado e Sócrates foi saudado como um santo pagão por cardeais, príncipes e eruditos.

## OS INIMIGOS DA DEMOCRACIA

Para muitos eruditos, Sócrates foi um mártir em nome da liberdade intelectual, condenado à morte pela multidão ignorante. Mas essa veneração às vezes provocava uma ambivalência em relação à democracia. As informações que temos sobre Sócrates provêm, na maioria, das páginas de Platão, mas Platão não era favorável à democracia. No século XX, com a proliferação de tiranias de direita e de esquerda, o filósofo político Karl Popper criticou Platão por ser um dos maiores inimigos da "sociedade aberta", que inspirou o fascismo *e* o comunismo. A crítica de Popper mencionada no livro *Sociedade aberta e seus inimigos* publicado em 1945, influenciou mais de uma geração, embora agora seja contestada. As questões e dilemas suscitados pelos gregos permanecem vivos, nos fazem pensar e nos inspiram até hoje.

## A ARTE E AS ESCRITURAS

O Renascimento criou um desejo platônico (ou Eros como seria mais explícito) de uma verdade espiritual personificada na beleza física. Os artistas renascentistas inspiraram-se em cópias romanas de estátuas gregas. O *Nascimento de Vênus*, de Botticelli retratou o mito grego em um estilo neoplatônico romântico, enquanto Michelangelo criou uma arte sublime de inspiração platônica. Essa renovação pouco afetou a política, porque a democracia era inimaginável na Europa renascentista, mas ressurgiu a arte clássica no mundo ocidental.

O grego moderno foi usado para estudar as Escrituras, originalmente escritas em grego. Desidério Erasmo (1466-1536) surpreendeu-se ao descobrir que a Vulgata (tradução latina da Bíblia) estava cheia de erros. Sua tradução e comentários morda-

zes provocaram sensação e abriram caminho para a Reforma. Erasmo passou anos na Inglaterra como professor de grego na Universidade de Cambridge, que se tornou centro de ensino do grego. A rainha Elizabeth I aprendeu grego. Em 1600 ser fluente em grego era essencial para qualquer erudito respeitável. Mas o impacto total do helenismo ainda se faria sentir.

## O CHOQUE DO ANTIGO

No final do século XVIII, os viajantes voltavam da Grécia com notícias sobre um estilo arquitetônico extremamente simples, mas de grande impacto. As descobertas arqueológicas em Pompeia, um exemplo da arte greco-romana soterrada pelo Vesúvio, revelaram o movimento artístico em direção a um estilo neoclássico mais puro. Mas as colunas dóricas imensas dos templos da Grécia Clássica surpreenderam a Europa e os Estados Unidos. Confrontados pela primeira vez com a verdadeira arquitetura clássica grega, os arquitetos reinventaram sua arte. O Museu Britânico em Londres e o Portão de Brandemburgo em Berlim mostram como os templos gregos podem ser recriados em belas formas nos lugares mais inusitados.

O final do século XVIII assistiu à guerra de independência dos Estados Unidos e à Revolução Francesa. Enquanto os fundadores dos Estados Unidos tiveram a república romana como principal modelo de organização política do Estado, o federalismo da Liga Aqueia também os inspirou. A democracia plena, embora não exercida nos Estados Unidos na década de 1780, foi o ideal da França revolucionária dez anos depois. Para alguns revolucionários franceses, seguidores das ideias naturalistas do filósofo Jean-Jacques Rousseau, Esparta era a

*Acima: O Panteão de Roma, o templo de todos os deuses, com uma fusão dos ideais romanos e gregos, é um dos melhores exemplos da construção clássica preservada. O Panteão foi uma fonte de inspiração para artistas e arquitetos do Renascimento, em especial Rafael (1483-1520), que foi enterrado no Panteão.*

cidade-Estado ideal. Porém o direito pleno de cidadania (masculino), obtido pela primeira vez na Primeira República Francesa após 2 mil anos, inspirou-se na democrática Atenas. Não por coincidência, as tendências da época refletiram os estilos gregos e romanos na arquitetura, mobiliário e nas roupas femininas.

A literatura também refletiu esse renascimento do helenismo. Poetas ingleses como Keats e, sobretudo, Shelley, que escreveu poemas dramáticos como "Prometeu Desacorrentado", inspirados em Ésquilo, apoiaram a política democrática radical. O amigo de Shelley, lorde Byron, morreu em defesa da causa da restauração grega. Do ponto de vista político, o precedente grego foi um sopro ainda mais inspirador na disseminação da democracia nos séculos XIX e XX. Abraham Lincoln inspirou-se para fazer seu pronunciamento em Gettysburg no discurso do funeral de Péricles. Gerações posteriores ainda se sentem atraídas pela Grécia, o berço da democracia.

*À direita: A estátua de um impacto extraordinário de Laocoonte e seus filhos do período helênico, descoberta em Roma em 1506, foi fonte de inspiração vital para Michelangelo, o maior artista do Renascimento.*

# ÍNDICE

Academia 33, 176
Acaia 171
Ácio, batalha de 117, 170
Acragas 154, 176
Acrocorinto 137
Ada, rainha da Cária 58
Adriano, imperador romano 127, 147, 171, 173, 175
Agatão 13
Agatocleia, rainha 142
Agátocles 153
Agelau, rei de Lepanto 155
Agesilau, rei de Esparta 40, 44
Ágis, rei de Esparta 149
Ai Khanum 68, 140
Aigai 12, 14
Alexandre de Épiro 36, 152
Alexandre I, rei da Macedônia 13-14
Alexandre IV, rei da Macedônia 128-9, 137
Alexandre, o Grande 11-104, 123
   Amantes 31, 83, 97, 104, 168
   Ásia 81-93
   Bucéfalo 30
   Casamentos 88, 98
   Catapultas 120
   Cavalaria 35, 40-1, 111-2
   Cidades fundadas por 103-4
   Companheiros, cavalaria 35, 40-1, 111-2
   Conquista da Pérsia 40-41, 46, 49-50
   Conspiração dos Pajens 89-90
   Deificação 71, 102
   Educação 31, 34
   Egito 66-9
   Exílio 36
   Ferimento no pulmão 95
   Fiasco do casamento com uma jovem da Cária 36
   Índia 81, 91
   Jônia 57-8
   Juventude 27-34
   Legado 103-4
   Limites do império 91-6
   Morte 51, 86, 102, 122, 124
   Nascimento 28, 49
   Nó górdio 58
   Peregrinação a Siuá 69, 71
   Sucessão 37
   Treinamento militar 34
Alexandria (Drangiana) 85
Alexandria (Isso) 60
Alexandria (Oceano Índico) 94-5
Alexandria de Oxiana 140
Alexandria Eschate 87
Alexandria no Cáucaso 84
Alexandria no Egito 66-7, 85-86, 103, 131-2, 167, 171
Ambrácia 26
Amintas 37
Amintas III, rei da Macedônia 14-5, 33
Anfípolis 15-6
Aníbal 125, 139, 153, 155, 157
Antígono I, rei da Macedônia 124, 129-30
Antígono II, rei da Macedônia 130, 138, 147
Antígono III, rei da Macedônia 138
Antímaco I, rei da Báctria 140, 142
Antínoo 175
Antíoco I, rei selêucida 130
Antíoco II, rei selêucida 136
Antíoco III, rei selêucida 133, 136
Antíoco IV, rei selêucida 147, 159
Antioquia 175
Antípatro 32, 34-5, 37, 41, 90, 128
Antônio, Marco 118, 166
Aorno 91
Apameia 134
Apameia, Tratado de 157
Apolônio de Rodes 148
Arato 151
Arbela 75
Areia 64
Argos 108, 145
Aristandro 68, 72
Aristogeiton 78
Aristônico 151
Aristóteles 29, 31, 33, 40, 45, 72, 90, 93, 140
Armadura 108-25
Armênia 163
Arqueiros 18, 112
Arquelau, rei da Macedônia 14, 163
Arquimedes 123, 124, 125, 153
Arquimedes, parafuso de 123
Arquitas 152
Arquitetura 37, 178
Arriano (Flavius Arrianus) 51
Arribas 17
Arsaces 136
Arsites 54
Artabazo 29, 45, 83
Artaxerxes II, rei da Pérsia 45
Artaxerxes III, rei da Pérsia 43, 45
Ásia 53-63, 170
Asoka, imperador 141
Aspendos 59
Astronomia 72, 141
Atálidas 139
Átalo I, rei de Pérgamo 139
Átalo II, rei de Pérgamo 147
Átalo, marechal 37
Atenas 14, 15-7, 20-4, 27, 30-6, 39, 41-3, 97, 100, 114-15, 146-8, 161-4, 175-8
Augusto, imperador romano 170-2

Babilônia 44, 46-7, 60-1, 63, 72, 74, 75-8, 81, 97, 101-2, 135-6
Babilônio 76-7
Báctria 85, 89-91
Bactro 85
Bagoas (eunuco) 43
Bagoas (vizir) 98, 101
Bárbaros 12, 13, 14, 33, 56, 57, 98, 141, 176
Barsine 29, 62
Batalha naval 58, 63, 115, 117, 118, 155
Batalhão Sagrado 24, 116
Beócia 22, 25
Bessarion 176
Besso 73, 82
Bíblia Vulgata 174
Biblos 63
Birremes 117, 118
Bitínia 158, 163, 164
Bizâncio 23, 34, 45
Blossius de Cumae 151
Bósforo 23
Botticelli, Sandro 177
Brásidas 14
Britânia 172
Brutus 166
Bucéfala 94
Bucéfalo 30
Budismo 141, 142
Byron, lorde 178
Cadmeia 25
Calanos 98
Calcídica 21, 33, 130
Cálias, paz de 43
Calístenes 33, 51
Campo Crocus, batalha de 17
Canas, batalha de 125
Capadócia 45, 55, 163
Caracalla, imperador romano 104
Cária 148
Carruagens 157
Cartago 102, 120, 128, 132, 139, 153-6
Cassandro 128, 129, 130, 137, 146
Cássio 166

Catapultas 28, 120-2
Cavalaria 35, 40-1, 55-6, 111-2
Celtas 102, 130, 139
César, Júlio 162, 164, 167, 168
Cesário 166, 167, 169
Chandragupta, rei da dinastia 124, 129, 141
China 9, 103, 141
Chipre 10, 43, 45, 63, 129, 132
Chitral 91
Cícero 162, 163, 174
Cilícia 60, 132, 157, 161, 163
Cimério 163, 165
Cinoscéfalos, batalha de 144
Cipião Africano 157
Cirenaica 69
Ciro o Grande, rei da Pérsia 97
Ciro, o Jovem 44
Cítia 73
Clearco 140
Cleômenes I, rei Esparta 151-1
Cleômenes III, rei de Esparta 145, 150
Cleópatra (irmã de Alexandre) 9, 104
Cleópatra VII, rainha do Egito 127, 128, 132
Clito, o Negro 56, 87
Códigos de leis 175
Colônias 68, 140, 163
Colosso de Rodes 127, 146, 147
Coluna dórica 177
Comércio 95, 102, 104, 127, 135
Companheiros 19, 61, 67, 73, 74, 80, 99, 100, 112
Concelho dos Anfictiões 22
Conspiração dos Pajens 89, 90, 179, 182
Corcrya 153
Corinto 25, 26, 29, 38, 39, 65, 57, 170, 175
Corinto, canal de 170, 175
Correntes da Grécia 156
Crannon, batalha de 115
Crátero 34, 79, 92, 94, 128
Cremonidiana, guerra 138
Creso, rei da Lídia 13

Creta 113, 132, 161
Cristianismo 176
Cunaxa, batalha de 44
Cunhagem 141
Danúbio, rio 38
Dario I, rei da Pérsia 43, 46, 78, 80, 83
Dario III, rei da Pérsia 43, 47, 48, 60, 83, 99, 123
Dascilium 50
Delfos 148, 160, 161
Délio, batalha de 115
Delos
Delos, Confederação de 43
Demarato, rei de Esparta 29, 30, 78
Demetrias 130, 142
Demétrio
Demétrio Aniceto 142
Demétrio de Faleros 146
Demétrio I, rei da Báctria 142
Demétrio I, rei da Macedônia 146, 148
Demétrio II, rei da Macedônia 138
Democracia 57, 114, 130, 146
Demóstenes 21-4, 30, 39, 71, 113
Diádocos, guerras dos 127, 128
Dídimos 59
Dinastia argéada 13, 18
Dio (Olímpia) 13
Dio 102
Dio Cássio 175
Diodoro Sículo 76
Diódoto I, rei da Báctria 141
Diógenes 38
Dionísio I, rei de Siracusa 120
Drangiana 85
Ecbátana 82, 84, 100, 101

vernador corrupto da Sicília, que saqueara a ilha, foi tão raro como a probidade de Cícero quando governou a Cilícia.

## A ASCENSÃO DE MITRÍDATES

As colônias gregas espalhavam-se ao redor do Mar Negro até o reinado de Alexandre, quando a cultura difundiu-se no interior. Ponto, uma região fértil e arborizada no sul da costa, com jazidas minerais abundantes, era governada por reis de descendência persa que se helenizaram, embora superficialmente. Um desses reis, Fárnaces I (220-185 a.C.), estendeu seu poder à região do Mar Negro.

Mitrídates V (c.150-120 a.C.) foi o rei mais poderoso da Ásia Menor depois que o poder de Pérgamo terminou. Seu filho Mitrídates VI Eupator (120-63 a.C.) foi um dos maiores adversários de Roma e o último, apesar de improvável, defensor da liberdade da Grécia. Mitrídates V estendeu seu domínio ao redor do Mar Negro e anexou o reino semi-helenizado de Bósfaro Cimério (atual Crimeia) em 108 a.C. Esse reino, que controlava o suprimento essencial de grãos da Grécia, estava sendo ameaçado pelas tribos citas e aceitou a proteção de Mitrídates. Ele teve menos sorte com os reinos na Anatólia, como Capadócia, mas seu genro Tigranes da Armênia protegia o flanco oriental. Mitrídates construiu um exército poderoso sob o comando do general grego Arquelau.

## O SAQUE DE ATENAS

Esse exército foi testado pela primeira vez em 88 a.C., quando ao reagir a um ataque da vizinha Bitínia, Mitrídates rapidamente invadiu a região ocidental da Ásia Menor. Os gregos ficaram encantados com sua declaração que não mais seriam ameaçados pelos odiados publicanos. Quando percorreu a Grécia, mesmo os atenienses que mantinham uma longa postura de neutralidade, deram apoio a Mitrídates. O massacre de 80 mil romanos e publicanos italianos, além de outros homens de negócios, provocou uma reação violenta de Roma. Sula avançou com 100 mil soldados para o leste, com o objetivo de derrotar Mitrídates em Queroneia e em Orcômeno.

Atenas, sitiada pelas tropas de Sula no primeiro semestre de 87-86 a.C., rendeu-se tarde demais. O exército de Sula saqueou a cidade, e levou até mesmo as colunas do templo de Olimpeu para Roma. Outras cidades também foram devastadas pelas legiões romanas e tiveram de pagar uma pesada indenização a Roma. Essa indenização foi coletada pelos publicanos, que cobravam 50% de juros em impostos não pagos. Essa reparação financeira enfraqueceu a Grécia durante décadas.

No entanto, problemas com seus rivais do partido Populares em Roma atraíram a atenção de Sula, que concordou em terminar a guerra em troca do *status quo ante* em 85 a.C. Mitrídates renunciou às suas conquistas e voltou para seu império no Mar Negro. Mas sua força fora apenas testada e não exaurida.

*À direita: Mitrídates VI, rei de Ponto, o poderoso inimigo de Roma no Oriente helenístico.*

# O PODER DAS DINASTIAS
## 84-42 a.C.

A partir do saque de Atenas em 86-85 a.C., o destino do mundo grego ficou ligado inextricavelmente ao das dinastias de Roma em conflito, as famílias nobres da cidade cujas ambições dilaceravam a república e o império.

Sula voltou para Roma onde assumiu o cargo de ditador, eliminou seus inimigos em um banho de sangue, reorganizou a Constituição com um teor profundamente reacionário e, de repente, para surpresa de todos, retirou-se de cena em 80 a.C. Enquanto sua aparente organização sólida em Roma começou a desmoronar, Sula deixara muitos assuntos sem conclusão no mundo grego e uma situação instável na Ásia. O Egito, embora em teoria independente, agora se apoiava em Roma. Muitos romanos queriam anexar esse reino mais rico do Mediterrâneo, porém por não terem condições de incorporá-lo a Roma, não interferiram em sua independência precária. Apesar de uma breve guerra com Mitrídates em 84-83 a.C., a força do rei de Ponto não diminuiu.

### HOSTILIDADES E MITRÍDATES

Em 73 a.C. Roma enfrentou a mais séria revolta de escravos de sua história, quando Espártaco liderou uma rebelião de 150 mil escravos na Campânia. A revolta prolongou-se por dois anos até que uma grande campanha militar a reprimiu. Nesse ínterim, Mitrídates, preocupado com o tratamento dispensado por Roma à Bitínia em 74 a.C., retomou as hostilidades. Mitrídates invadiu a Bitínia e mais uma vez ameaçou a posição de Roma na Ásia. Lúculo, um partidário de Sula, seguiu para a Ásia com um grande exército, com a finalidade de reprimir sua invasão, mas enfrentou problemas

*Acima: Enquanto os romanos lutavam entre si, a Pártia sucedeu a Pérsia como uma potência a leste do Rio Eufrates, sob o domínio de reis como Mitrídates I, que se orgulhava de seu título de Fileleno.*

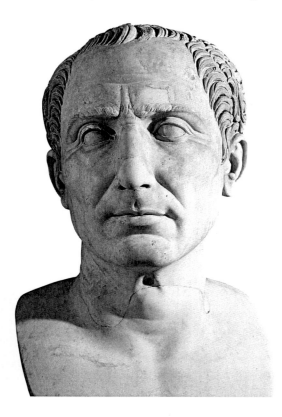

*À esquerda: Júlio César, charmoso, carismático e inescrupuloso, venceu as primeiras guerras civis de Roma. Júlio César teve um filho com Cleópatra VII e, mais tarde, uniu o Egito a Roma.*

166, 167, 170, 172

Ponto 161, 163, 164, 165

Popílio, Caio 159

Poro 30, 91, 92, 93, 124, 145, 153

Portas da Cilícia 60

Porto livre 147, 148

Portões da Síria 61

Portões persas 79

Posidônio 148

Potideia 16, 19, 28

Priene 57, 59

Ptolemaica 67, 68, 69, 128, 129, 131, 132, 138, 167

Ptolemaicos 124, 131, 132, 133, 154, 167, 182

Ptolomeu I, faraó do Egito 67, 71, 104, 128, 132

Ptolomeu II, faraó do Egito 132

Ptolomeu IV, faraó do Egito 133

Publicanos 162, 163, 171, 172

Quebra-mar 63, 64, 65

Queroneia, batalha de

Quersoneso 17, 24

Quinquerremes 117, 118, 125, 148

Quinquerremes 117, 118, 125, 148

Quintiliano, imperador romano 174

Ráfia, batalha de 132

Ragae 82, 85

Reforma 145

Religião 44, 66, 104, 141

Renascimento176-8

Retórica 173

Revolução Francesa 177

Rocha Sogdiana 85, 88

Rodes 122, 127, 129, 146-8, 156-7, 160-1

Roma 9, 108, 110, 136, 137, 147, 151, 157, 160, 164

Rousseau, Jean-Jacques 177

Roxana 88, 89, 99, 128

Rufus, Quintus Curtius 51

Samarcanda 86, 87, 134

Samos 97, 100, 132

Sardes 46, 55, 57, 58, 78, 129, 134

Sarissas 20, 39, 73, 91, 112

Satibarzanes 84, 86

Sátrapas 42, 44, 45, 46, 48, 53, 83, 136

Selêucia no Tigre 134

Seleuco I Nicator 124, 134, 140, 141

Selímbria 23, 121

Sellasia, batalha de 145

Sêneca 174

Shelley, Percy Bysshe 178

Sicília 11, 115, 148, 154, 163, 170

Sícion 51

Sídon 63, 64, 107

Sidon Sarcophagus 107

Sinkiang 141

Siracusa 111, 120, 122-5, 152-6, 181-2

Síria 130, 132, 135

Siuá 69, 70, 71, 101

Sócrates 14, 25, 40, 143, 159, 176, 177

Sogdiana 86, 88, 89, 91, 140

Sula 161, 163, 164, 176

Suprimento de grãos 17

Susa 40, 42, 45, 48, 78, 98

Swat 91

Talassocracia 115, 161

Taormina 170

Tarento 152, 153, 154

Tarso 169, 171

Tauro, montes 60, 157

Taxila 129

Teatro 140

Tebas 15, 17, 18, 20, 25, 39, 110, 116

Termópilas 23, 56, 116, 144

Tessália 17, 32, 102, 111

Tessalônica 138

Thais 80

Thurii 152

Tibério, imperador romano 148

Tigranes da Armênia 163

Timoleão 153

Tiro, cerco de 63-5

Trácia 16, 19, 22, 34

Trajano, imperador romano 171

Tribálios 38

Tribos dos Bálcãs 38

Trirremes 23, 39, 41, 58, 64, 107, 115, 117

Trôade 33, 49, 51

Troia 49, 51, 65, 68, 95

Venosa 152

Vergina 17, 23, 24, 26, 37

Verres 162

Via Appia 152

Virgílio 174

Visigodos 176

Vix Crater 149

Xenofontes de Atenas 74, 110, 112, 115, 116

Xerxes, rei da Pérsia 10, 76-7, 80

Zadracarta 82, 83, 85

Zenão de Cicio 146, 147

Zeuxis 14

Zoroastrismo 47, 66

# Crédito das imagens

**The Ancient Art & Architecture Collection Ltd:** 6b, 7t, 13tl, 24t, 34t, 35b, 37, 42t & b, 43t, 47t, 48t, 49t, 65t, 69t, 82b, 96t & b, 104b, 105b, 109t, 110t, 114t, 115t & b, 117t, 120t, 121br, 125t & b; /Ronald Sheridan 23b, 111t; /C.M. Dixon 31b; /Interfoto 57t; /C. Hellier 43b; /P. Syder 70b; /Mike Andrews 85b; /Prisma 124t

**The Art Archive:** 51b, 66t, 67m, 84t; /Archaeological Museum Naples/Dagli Orti (A) 34tl, 40t, 44t, 52tr, 71tr, 104t; /Dagli Orti 10b, 12b, 13tl, 15b, 16b, 23t, 28b, 32, 33t, 34b, 36t, 57b, 70t, 75t, 95b, 97b, 98t & b, 105t, 108b, 112b, 120b, 121t, 122b, 123t, 124b; /Dagli Orti (A) 56t, 97t; /Archaeological Museum Salonica/ Dagli Orti (A) 5.1, 8–9, 17t, 28t; /Pella Museum Greece/ Dagli Orti (A) 5.2, 11b, 20–1, 26b, 68t, 74b; /Archaeological Museum Istanbul/ Dagli Orti 5.5, 30b, 46b, 76–7; /Musée du Louvre Paris/ Dagli Orti 5.6, 7b, 27, 61, 65b, 83b, 89b, 90–1, 110b; /Acropolis Museum Athens/Dagli Orti 6t; /National Archaeological Museum Athens/ Dagli Orti 83t; /British Museum/Eileen Tweedy 88t; /Musée Jean Vinchon Numismatist Paris/Dagli Orti 15t, 92t, 112t; /Agora Museum Athens/Dagli Orti 78t; /Archaeological Museum Salonica/Dagli Orti 18b, 19b, 30t; /Museo Nazionale Taranto/Dagli Orti 31t; /Chiaramonti Museum Vatican/Dagli Orti (A) 16t; /Collection Antonovich/ Dagli Orti 12t, 13tr, 101r; /University Library Istanbul/Dagli Orti 17b; /Hellenic Institute Venice/Dagli Orti (A) 22t; /National Museum Beirut/Dagli Orti 22b; /British Library 24b; /Museo del Prado Madrid/Dagli Orti (A) 25t; /Archaeological Museum Teheran 33b; /Museo Profano Gregoriano Vatican 36b; /Bibliothèque des Arts Décoratifs Paris/ Gianni Dagli Orti 46t, 85t; /Bibliothèque des Arts Décoratifs Paris/Dagli Orti 48b; /Royal Palace Caserta Italy/Dagli Orti 64b; /Bibliothèque Municipale Reims/Dagli Orti 67b; /National Archaeological Museum Athens/Dagli Orti (A) 72tl; /Bodleian Library Oxford 73b; /Private Collection/Dagli Orti 74tr; /Archaeological Museum Naples/ Dagli Orti 13b, 81b, 116b; /Museo Naval Madrid/ Dagli Orti 84b; /Musée Municipal Sémur en Auxois/Dagli Orti 87t; /Bibliothèque Nationale Paris 87b; /British Museum 94t; /Musée du Louvre Paris/Gianni Dagli Orti 100t; /Ephesus Archaeological Museum Selcuk Turkey/ Dagli Orti 113t; /Archaeological Museum Athens/Dagli Orti 113b; /Musée des Beaux Arts Antwerp/Dagli Orti 119t; /Musée des Beaux Arts Grenoble/Dagli Orti 119b; /Museo della Civita Romana Rome/Dagli Orti 122t

**The Bridgeman Archive:** /© Wakefield Museums and Galleries, West Yorkshire, UK 5mr, 41b; /© Ashmolean Museum, University of Oxford, UK 81t; /Private Collection 70b; /Private Collection, Archives Charmet 55tm; /Vergina, Macedonia, Greece, 12b;/Bibliothèque Nationale, Paris, France, Giraudon 18t; / Museo Archeologico, Florence, Italy, Lauros / Giraudon 25b; /Musee Gustave Moreau, Paris, France, Lauros / Giraudon 29t; Fitzwilliam Museum, University of Cambridge, UK, 37t; /Louvre, Paris, France 45b, 80; / Louvre, Paris, France/Peter Willi 53t, 79b; /Musee de la Ville de Paris, Musee du Petit-Palais, France, Lauros/ Giraudon 54t; /Musee des Beaux-Arts, Dijon, France, Lauros/Giraudon 54b; /Iraq Museum, Baghdad 55tr; /National Museum of Iran, Tehran, Iran, Lauros/ Giraudon 56b; /Private Collection, © Look and Learn 78b; /© National Museums of Scotland 79t; /Galleria degli Uffizi, Florence, Italy 88b; /Hermitage, St. Petersburg, Russia 100t; /© Bristol City Museum and Art Gallery, UK 103t; /National Gallery, London, UK 107; /Bibliotheque Nationale, Paris, France 116t, 117b; /Palazzo Labia, Venice, Italy, Alinari 118b

**Corbis:** 60b, 63b; /© John Corbett/ Ecoscene 5.4, 58–9; /© Ric Ergenbright 64t, 68t; /© Olivier Matthys/ epa 67t; /© Lloyd Cluff 69b; /© Paul Almasy 72tr; /© Michael Nicholson 72bl; /© Christel Gerstenberg 89t; /© Araldo de Luca 92b; /© James Marshall 108t

**Medioimages/Photodisc/Discover Greece/Getty Images:** 102t & b, 114b

**Sylvia Kapp:** 126, 127t

**Mary Evans Picture Library:** 74tl, 111b

**Photo12.com:** /Oronoz 5.3, 11t, 19t, 35tr, 38–9, 45t, 71tl, 82, 99b, 100b, 118t, 128b; /Albert Arnaud 10t, 26t; /ARJ 29b, 52b, 55t, 62t, 73t, 86t & b, 93b, 99t, 106t & b, 123b; /Jean Guichard 50b, 51t, 103b; / World Religions Photo Library 60t; /Francis Latreille 63t

**Frances Reynolds:** 121bl